D1152104

GARETH JONES
Y DYN OEDD YN GWYBOD GORMOD

SWANSEA LIBRARIES

0001368043

Gareth Jones

Y Dyn oedd yn Gwybod Gormod

ALUN GIBBARD

CYNGOR LLYFRAU CYMRU

ISBN: 978 184771 837 2
Argraffiad cyntaf: 2014

© Alun Gibbard a'r Lolfa, 2014

Mae Alun Gibbard wedi datgan ei hawl dan
Ddeddf Hawlfraint, Dyluniadau a Phatentau 1988
i gael ei gydnabod fel awdur y llyfr hwn.

Cedwir pob hawl. Ni chaniateir atgynhyrchu unrhyw
ran o'r cyhoeddiad hwn, na'i gadw mewn cyfundrefn
adferadwy, na'i drosglwyddo mewn unrhyw ddull na
thrwy unrhyw gyfrwng, electronig, electrostatig, tâp
magnetig, mecanyddol, ffotogopïo, recordio nac fel arall,
heb ganiatâd ysgrifenedig ymlaen llaw gan y cyhoeddwyr,
Y Lolfa, Talybont, Ceredigion, Cymru.

Mae'r prosiect Stori Sydyn/Quick Reads yng Nghymru
yn cael ei gydlynu gan Gyngor Llyfrau Cymru
a'i gefnogi gan Lywodraeth Cymru.

Argaffwyd a chyhoeddwyd gan
Y Lolfa, Talybont, Ceredigion SY24 5HE
gwefan www.ylolfa.com
e-bost ylolfa@ylolfa.com
ffôn 01970 832 304
ffacs 832782

1

Y Dyn oedd
yn Gwybod Gormod

HITLER – UN O'R enwau sy'n creu arswyd ar bawb. Fe oedd yn gyfrifol am farwolaeth miliynau o bobol yn ystod yr Ail Ryfel Byd. Fe oedd yn gyfrifol am greu gwersylloedd cadw adeg y rhyfel. Yno, dioddefodd miliynau o Iddewon yn erchyll cyn marw. Fe wnaeth Hitler y cyfan er mwyn creu gwlad newydd a fyddai'n berffaith iddo fe a phobol eraill yr Almaen, yn ei farn ef.

Ond cyn iddo wneud hyn i gyd, cyn yr Ail Ryfel Byd, fe wnaeth un dyn o Gymru hedfan gyda Hitler. Hedfanodd gydag e yn ei awyren bersonol, ar ôl i Hitler ddod yn arweinydd ei wlad. Gareth Jones oedd y dyn tramor cyntaf i hedfan gyda Hitler a'i brif swyddogion. Fe aeth gyda nhw i rali enfawr yn Frankfurt, ddau ddiwrnod ar ôl i Hitler gael ei ddewis yn brif arweinydd ei wlad. Canghellor ydi'r enw ar arweinydd yr Almaen. Roedd Gareth yn Berlin y diwrnod y cafodd Hitler ei ethol.

Cyn gwneud y siwrne hon, roedd Gareth Jones wedi bod yn yr Almaen droeon yn barod. Roedd wedi ymweld â'r Almaen bob blwyddyn er 1923 ac wrth ei fodd yno yng nghwmni'r bobol. Yn wir, roedd wedi bod yno ddeg gwaith o'r blaen. Roedd yn siarad yr iaith Almaeneg yn dda. Felly, doedd neb gwell nag e i fynd i'r Almaen er mwyn ceisio deall beth oedd yn digwydd yno. Ar ôl iddo weld â'i lygaid ei hunan beth oedd yn digwydd yno, byddai'n ysgrifennu erthyglau yn sôn am yr argraff wnaeth y wlad arno. Roedd am i bobol mewn gwledydd eraill ddeall y sefyllfa yno.

Roedd Gareth Jones yn ddyn mentrus iawn. Fe lwyddodd i gysylltu ag arweinydd yr Almaen, ond fe lwyddodd hefyd i ddigio Stalin, arweinydd pwerus Rwsia. Fe ddywedodd wrth y byd fod Stalin a'i lywodraeth yn gwneud pethau erchyll i'w bobol ei hun. Tynnodd sylw yn arbennig at yr Wcráin (Ukraine). Dywedodd Gareth Jones fod Stalin yn creu newyn yn fwriadol yno ac yn lladd miliynau o drigolion y wlad. Ond doedd dim llawer ym Mhrydain, nag yn America, na sawl gwlad arall yn fodlon credu Gareth. Roedd heddlu cudd Rwsia yn cadw llygad manwl arno ac, yn y diwedd, cafodd ei wahardd rhag mynd i Rwsia.

Ar un arall o'i deithiau tramor, roedd Gareth Jones hyd yn oed wedi llwyddo i fynd ar dir y Tŷ Gwyn yn America. Safodd wrth ymyl Arlywydd y wlad honno – Herbert Hoover – yng ngardd ei dŷ, a chael tynnu ei lun gydag e!

Oedd, roedd Gareth Jones yn ddyn oedd yn gwybod sut i gyrraedd y bobol oedd mewn grym yng ngwledydd mwyaf pwerus y byd. Gallwn ychwanegu enw cyn Brif Weinidog Prydain, David Lloyd George, at y rhestr honno – dyn y buodd Gareth Jones yn gweithio iddo. Roedd yn ddyn oedd yn gyfarwydd â delio gyda phobol bwerus iawn.

Dyma stori Gareth Jones felly, y dyn o'r Barri yn ne Cymru a welodd bethau na fyddai pobol yn cael eu gweld fel arfer. Yn ei hanes cawn wybod am rai pethau roedd arweinwyr y gwledydd hynny am eu cadw'n gyfrinach.

Ond eto, nid ysbïwr oedd Gareth Jones. Nid milwr chwaith, ond gwas sifil ac yna newyddiadurwr. Byddai'n ysgrifennu i bapurau newydd fel *The Times, The New York Times* a'r *Western Mail*. Er mai ysgrifennu oedd gwaith Gareth, cafodd yntau hefyd fywyd oedd yn llawn anturiaethau. Yn wir, roedd ei fywyd yn fwy tebyg i fywyd Indiana Jones na dyn a fyddai'n defnyddio beiro a phapur i ennill ei gyflog. Yn Saesneg y byddai Gareth yn arfer ysgrifennu ond mae ei eiriau wedi cael eu trosi i'r Gymraeg yn y llyfr yma.

Yn wahanol i Indiana Jones, fodd bynnag, profodd un o anturiaethau Gareth Jones yn gostus iawn iddo. Fe gollodd ei fywyd. Cafodd ei ladd gan gang o fandits yn Mongolia y diwrnod cyn ei ben-blwydd yn 30 mlwydd oed. Wrth i'r newyddion am ei farwolaeth gyrraedd Prydain, talodd David Lloyd George deyrnged iddo. Dywedodd fod Gareth Jones yn ddyn oedd yn gwybod gormod. Efallai mai dyna pam y cafodd ei ladd. Roedd gormod o bobol mewn mwy nag un wlad eisiau ei dawelu am byth. Y rheswm? Byddai'n ysgrifennu erthyglau'n disgrifio'r annhegwch roedd wedi'i weld yn y gwledydd hynny.

*

Dyw'r stori yma ddim yn dechrau mewn gwlad dramor. Mae'n dechrau yn y dref lle cafodd Gareth Jones ei eni – y Barri, ger Caerdydd. Yn 1999, dros hanner can mlynedd ar ôl diwedd yr Ail Ryfel Byd a'r mileniwm newydd yn agosáu, torrodd lladron i mewn i dŷ yn y Barri. Chwaer mam Gareth oedd yn byw yno ac roedd yn hen iawn ar y pryd. Fe wnaeth y lladron lawer o ddifrod yn y cartref ac fe fuodd yn rhaid i aelodau'r teulu fynd yno i glirio'r llanast. Wrth glirio'r tŷ, ei dacluso a'i lanhau, fe ddaethon nhw o hyd i sawl cês o dan y grisiau ac o dan y gwely. Roedd cynnwys y cesys yn syndod ac yn rhyfeddod iddyn nhw i gyd.

Wrth iddo deithio o wlad i wlad, roedd Gareth Jones wedi casglu anrhegion o'r gwledydd hynny. Yr hyn a gasglodd yn yr Almaen oedd pamffledi gwleidyddol, llenyddiaeth bropaganda ac ati. Ond y trysor mwyaf yn y cesys oedd nifer o ddyddiaduron roedd wedi'u cadw wrth deithio. Ynddyn nhw hefyd roedd nifer o erthyglau papur newydd roedd e wedi'u hysgrifennu yn y 1930au.

Wrth edrych drwy'r dyddiaduron a darllen yr erthyglau, daeth rhai o aelodau ei deulu i nabod Gareth yn well. Daethon nhw i wybod pwy yn union oedd y Gareth Jones roedden nhw'n perthyn iddo, a hynny dros hanner canrif wedi iddo farw. Fe gawson nhw dipyn o sioc o ddeall beth yn union roedd eu perthynas wedi'i wneud, ble roedd e wedi bod, a beth roedd e wedi'i weld.

Sut y ces i wybod am stori Gareth Jones? Cefais gyfle yn 2005 i gwrdd â Siriol Colley, yn ei chartref yn Nottingham. Roedd hi'n nith i Gareth ac yn un o'r rhai fu'n clirio'r llanast wedi'r lladrad yn y Barri. Ar ôl cael paned o de, fe aeth â fi i stafell arall yn ei thŷ. Dyna lle roedd y rhan fwyaf o'r deunydd roedd Gareth wedi'i gasglu ac a fu mewn cesys yn nhŷ ei fodryb am ddegawdau. Roedd y stafell fel ogof Aladdin, a honno'n llawn o drysorau hanesyddol.

Profiad arbennig oedd cael cyffwrdd yn y pethau hyn a darllen rhannau o'i ddyddiaduron a'i erthyglau. Roedd posteri lliwgar iawn yno, wedi dod o Rwsia. Roedden nhw'n enghreifftiau da o bropaganda'r Blaid Gomiwnyddol, yn rhoi'r neges roedd arweinydd y wlad, Stalin, am ei rhannu â'i bobol. Ond hefyd roedd y gwaith celf yn lliwgar a deniadol iawn. Roedd ambell wisg sidan o'r Dwyrain Pell yno hefyd. Fe gymerodd gryn dipyn o amser i mi fynd drwy gynnwys yr un stafell fechan honno yn Nottingham.

Wrth fynd drwy'r cyfan teimlwn fel plentyn bach adeg y Nadolig. Roeddwn wedi fy nghyffroi'n llwyr wrth feddwl bod popeth oedd o fy mlaen wedi dod o wledydd tramor, a hynny bron i saith deg o flynyddoedd cyn hynny. A'r cyfan hefyd yn rhan o hanes bywyd Gareth. Cofiwch, doedd y gwledydd o ble daethon nhw ddim mor gyfarwydd i bobol Cymru yn y cyfnod hwnnw ag y maen nhw heddiw.

Profiad rhyfedd oedd cydio yn un peth yn benodol. Llyfryn bach, bach ydoedd, tua dwy fodfedd wrth un fodfedd. Roedd wedi'i wneud o gardfwrdd meddal ac ar bob tudalen roedd llun o Hitler. Wrth roi bawd ar gornel y llyfryn, roedd y tudalennau'n agor yn gyflym o un i'r llall yn eu tro. Ond y peth rhyfedd oedd gweld braich Hitler yn codi o ochr y llyfr i'r awyr mewn salíwt 'Heil,

Hitler' go iawn. Roedd yn *souvenir* rhyfeddol. Cafodd Gareth hwn mewn rali yn Frankfurt pan oedd yno yng nghwmni Hitler. Roeddwn yn gyfarwydd â'r math yma o beth yn y saithdegau, a minnau'r pryd hynny yn fy arddegau. Ond pêl-droedwyr fyddai ar y *flick-books* hynny, ac nid gwleidyddion nac arweinwyr gwledydd.

Tan hynny, fel y rhan fwyaf o deulu Gareth ei hun, doeddwn i'n gwybod fawr ddim amdano. Roeddwn wedi clywed am Gareth Jones rai blynyddoedd yn ôl wrth weithio i'r BBC, ond doeddwn i'n gwybod dim am ei helyntion. Dros y blynyddoedd, ers hynny, dwi wedi cymryd diddordeb yn stori Gareth Jones ac wedi dod i nabod Siriol Colley a'i theulu. Er hynny, drwy'r cyfnod hwnnw, mae wedi bod yn syndod sylweddoli faint o bobol yng Nghymru sydd erioed wedi clywed amdano.

Roedd yn ddyn a greodd gryn gyffro yn ei ddydd ond mae'n Gymro sydd wedi cael ei anghofio yn ei wlad ei hun. Ymateb un aelod o'i deulu, ar ôl darganfod ei eiddo yng nghanol y llanast yn y Barri, oedd penderfynu rhoi sylw iddo. Ceisiodd ddweud wrth y byd i gyd beth roedd ei hewythr wedi'i wneud. Diolch i Siriol Colley, mae ei stori wedi cael ei chasglu at ei gilydd erbyn hyn. O ganlyniad, mae pobol wedi dod i wybod mwy amdano ac yn dechrau astudio bywyd a chyfraniad Gareth Jones yn ystod ei fywyd byr. Ond mewn gwledydd fel yr Wcráin mae hynny'n digwydd fel arfer. Prin iawn yw'r sôn amdano yn ei famwlad o hyd. Dyma'n cyfle ni nawr i ddod i wybod mwy am y dyn oedd 'yn gwybod gormod'.

2

Mewn awyren gyda Hitler

Ym mis Ionawr 1933 fe aeth Gareth Jones o
Southampton ar long yr SS *Bremen*. Dyna'r llong
gyflyma yn y byd ar y pryd ac roedd wedi cyrraedd
Lloegr o Efrog Newydd ar ei ffordd i Ewrop. Roedd
y ffaith fod llyfrgell ar fwrdd y llong wych hon
wedi gwneud argraff fawr ar Gareth. Yn naturiol
ddigon, roedd y llyfrgell o ddiddordeb mawr i'r
newyddiadurwr. Wrth iddo gerdded i mewn iddi
am y tro cyntaf, dywedodd yn ei erthygl bapur
newydd fod syrpréis mawr i bob Cymro fyddai'n
mentro i'r llyfrgell hon. Ar y paneli pren ar bob
wal roedd darnau o farddoniaeth wedi'u cerfio'n
gywrain a'r rheini mewn gwahanol ieithoedd o
wledydd dros y byd i gyd. Roedd barddoniaeth
Gymraeg yn eu plith ac roedd hynny'n dipyn o
sioc i Gareth, mae'n siŵr. Ar y paneli yn Gymraeg
roedd un darn gan Dafydd ap Gwilym a darn
arall gan fardd nad oedd Gareth yn gwybod pwy
oedd e.

Pan adawodd Gareth diroedd Cymru am
Ewrop, roedd yn gwybod bod yr Almaenwyr yn
teimlo'n chwerw oherwydd eu bod wedi colli'r
Rhyfel Byd Cyntaf. Roedden nhw hefyd am ddial

cam y rhai gafodd eu lladd yn y rhyfel. Roedd Gareth yn gwybod y gallai teimladau fel hyn greu trafferthion mawr i wledydd eraill yn Ewrop, gan gynnwys Cymru. Wrth deithio ar long o Ynys Wyth, ysgrifennodd Gareth Jones erthygl arall i'r *Western Mail* yn sôn am yr hyn roedd yn credu y byddai'n ei weld yn yr Almaen. Dywedodd ei fod yn disgwyl cyrraedd gwlad lle roedd gan bobol deimladau cryfion iawn dros eu gwlad, teimladau allai fod yn beryglus o gryf: 'Mae'n bosib y bydd anghydfod mewn rhyw gornel bell o Ewrop yn golygu y bydd utgorn rhyfel yn canu unwaith eto yng Nghymru ... Mae Cymru ac Ewrop wedi'u clymu mewn modd nad oes posib ei ddatod ac felly bydd yr hyn sy'n digwydd yn Ewrop yn taro Cymru.'

Falle fod Gareth Jones yn gweld perygl yn y ffordd roedd Hitler a'i swyddogion yn corddi teimladau pobol i fod yn falch o'u gwlad. Ond eto, doedd Gareth ddim yn erbyn y syniad o garu gwlad arall o bell ffordd, yn wir roedd yn caru Cymru a phopeth Cymraeg a Chymreig. Roedd Gareth yn gweld y perygl o chwarae gormod ar deimladau pobol ac yn sylweddoli bod hynny'n digwydd yn yr Almaen.

Ceisio cael gwybod beth oedd yn digwydd yn Ewrop oedd bwriad Gareth Jones wrth deithio, a dysgu beth oedd barn y bobol yno. Cafodd rhai o'i amheuon eu cadarnhau ar yr awyren y diwrnod hwnnw.

'Petai'r awyren hon wedi gorfod glanio ar frys oherwydd rhyw ddamwain, byddai cwrs holl hanes Ewrop yn wahanol.' Dyna eiriau cyntaf Gareth Jones yn ei erthygl yn disgrifio'r diwrnod yr hedfanodd gyda Hitler. Fe ymddangosodd y stori yn y *Western Mail*. Mae hynny yn ei hunan yn gryn syndod – fod stori o ddiddordeb i'r holl fyd yn ymddangos am y tro cyntaf mewn papur newydd yng Nghymru. Fyddai hynny ddim yn digwydd heddiw. Wrth wneud y fath sylw, roedd Gareth yn amlwg yn gwybod yn iawn sut berson oedd Hitler – ei fod yn ddyn pwerus iawn yn ei wlad ei hun. Roedd yn ddyn carismataidd oedd yn gallu dylanwadu ar bobol a'u harwain hefyd. Fe welodd Gareth Jones hynny chwe blynedd cyn i'r Ail Ryfel Byd ddechrau.

Fe ddigwyddodd y daith yn yr awyren brynhawn dydd Iau, 23 Chwefror 1933. Fe nododd Gareth Jones hyd yn oed amser y daith – tri o'r gloch y prynhawn. Eu hawyren oedd y 'Richthofen' enwog, yr awyren fwyaf cyflym, fwyaf pwerus yn yr Almaen i gyd. Roedd pawb ar eu ffordd o Berlin i Frankfurt, lle byddai Hitler yn annerch torf o'i gefnogwyr ar ddechrau taith ymgyrch etholiad. Roedd newydd ennill un frwydr i fod mewn grym drwy gael ei ddewis yn Ganghellor ddau ddiwrnod cyn hynny. Er mwyn ymestyn ei rym, ei nod oedd ennill mwy o etholiadau.

Mae'r ffordd y gwnaeth Gareth ymateb i Hitler yn ddiddorol iawn. Hawdd iawn yw cael darlun yn ein meddwl ni heddiw o Hitler fel dyn cas, pwerus, a gyflawnodd droseddau ofnadwy. Ond nid dyna'r argraff a gafodd y Cymro ifanc, rai blynyddoedd cyn y rhyfel. Yn hytrach, disgrifiodd Gareth yn fanwl y dyn a welodd am y tro cyntaf pan oedd yn sefyll yn aros amdano ar y llain lanio ym maes awyr Berlin. Pan ddaeth Hitler allan o'i gar, dyn main, digon eiddil a welodd Gareth Jones. Roedd het ddu, ddi-siâp ar ei ben ac roedd yn gwisgo côt law olau. Cododd ei fraich yn ddigon llipa i gyfarch y dorf oedd wedi ymgasglu yno, cyn cerdded draw at yr awyren.

Roedd gweld Hitler am y tro cyntaf wedi drysu Gareth yn llwyr. 'Sut y gallai dyn fel yna, dyn oedd yn edrych mor gyffredin, ddylanwadu ar 14 miliwn o bobol?' – dyna'r cwestiwn aeth drwy ei feddwl.

'Roedd rhywbeth bachgennaidd iawn amdano,' ysgrifennodd Gareth. 'Fe welodd gar newydd sbon ar y llain lanio, ac fe edrychodd arno fel y byddai bachgen ifanc yn ei wneud. Roedd yn llawn cyffro. Yna, fe gerddodd draw tuag at y bobol oedd i deithio gydag e ar yr awyren a dod ata i, yn ei dro. Siglodd fy llaw yn ddigon cadarn ond doedd ei lygaid mawr brown ddim yn dangos unrhyw emosiwn wrth iddo fy nghyfarch.'

Yn sefyll y tu ôl i Hitler roedd y dynion oedd yn gofalu amdano. Roedd pob un yn gwisgo iwnifform du â rhimyn o arian ar hyd yr ymylon. Ar eu capiau roedd bathodyn arian o'r *skull and cross-bones*, a llygaid y benglog yn goch llachar. I mewn â phawb wedyn, y cwmni dethol, i'r awyren. Y peilot oedd y Capten Bauer, gŵr eithaf tew yr olwg. Roedd y gŵr hwnnw yn sicr yn ffefryn gan Hitler ac yn ddyn a ddaeth yn arwr yn ystod y rhyfel.

Ar ôl iddo eistedd ymhlith y cwmni dethol o ryw ddwsin o bobol, agorodd Gareth Jones ei ddyddiadur a dechrau ysgrifennu. Disgrifiodd yr olygfa o'i amgylch ar y 'Richthofen'. Dywedodd fod sawl un o ysgrifenyddion Hitler ar yr awyren a bod pum dyn yn gwarchod y Führer. Rhoddodd ddarlun hefyd o gynllun y tu mewn i'r awyren, gan ddangos lle roedd pawb yn eistedd. Nododd fod Hitler yn eistedd ddwy neu dair sedd o'i flaen ef.

Rhwng Hitler ac yntau, meddai Gareth, roedd dyn bach yn eistedd, a hwnnw'n chwerthin drwy'r amser. Roedd ganddo ben cul a llygaid brown a'r rheini'n pefrio. Wrth ddisgrifio'r gŵr hwnnw ymhellach, rhoddodd Gareth Jones enghraifft glir o'r hyn y byddai'n ei wneud drwy'r amser. Lle bynnag y byddai Gareth yn teithio, byddai wastad yn ceisio meddwl am bethau neu bobol yn ôl yng Nghymru i ddisgrifio'r hyn a welai mewn gwledydd tramor. Fe wnaeth hynny yn achos y dyn bach â'r pen cul oedd yn eistedd o'i flaen yn yr awyren. 'Mae'n edrych fel y math o Gymro tywyll, bychan, pen cul, siarp sydd i'w weld mor aml yng nghymoedd Morgannwg,' ysgrifennodd Gareth.

Y dyn ar yr awyren roedd Gareth yn ei ddisgrifio oedd Goebbels, un o gefnogwyr mwyaf selog Hitler. Goebbels oedd yr un oedd yn gwrthwynebu'r Iddewon fwyaf, ac fe ddaeth yn Weinidog Propaganda'r Natsïaid yn ystod yr Ail Ryfel Byd. Ar ôl y disgrifiad digon ysgafn hwn, awgrymodd Gareth Jones amdano: 'Mae hwn yn enw i'w gofio; bydd y dyn yma'n chwarae rhan amlwg iawn yn y dyfodol.' Roedd yn llygad ei le!

Roedd Gareth Jones yn eistedd yn y sedd nesaf at un o'r pump oedd yno i warchod Hitler a Goebbels. Roedd hwnnw'n ddyn anferth, a chreithiau amlwg ar ei wyneb, ond meddai'r Cymro amdano: 'Roedd yn ddyn â hiwmor digon iachus. Byddai'n tynnu coes un o'i gyfeillion yn ddi-baid am ei fod yn syrthio i gysgu drwy'r amser yn ystod y daith.' Er hynny, roedd yn ddyn hael hefyd, gan iddo gynnig dau wy wedi'u berwi, dau fag o siocled, afal a bisgedi i Gareth eu bwyta rhwng Berlin a Frankfurt.

Dywedodd Gareth fod y bobol oedd gydag ef yn yr awyren hon yn garedig iawn tuag ato, fel petai e hefyd yn Natsi. Tybed a fyddai barn Gareth Jones yr un fath petai wedi byw i weld beth wnaeth y Natsïaid yn ystod yr Ail Ryfel Byd?

Wrth iddyn nhw agosáu at Frankfurt, nododd Gareth Jones fod Hitler yn cysgu wrth iddo yntau ddarllen rhai o bamffledi'r Natsïaid oedd ar yr awyren. Fe wnaeth un peth penodol daro'r Cymro. Wrth ddarllen y pamffledi a gwrando ar y bobol o'i gwmpas yn siarad, sylwodd eu bod yn rhoi pwyslais mawr ar un peth. Roedden nhw'n teimlo'n gryf iawn fod yn rhaid i'r Almaen ennill yn ôl y tir roedden nhw wedi'i golli yn y Rhyfel Byd Cyntaf. Roedden nhw'n credu bod gormod o dir yr Almaen wedi cael ei ddwyn oddi arnyn nhw ar ôl 1918. Eu tir nhw oedd e, medden nhw, rhan o'u gwlad nhw – yr Almaen. Hefyd, roedden nhw am ddial am yr holl Almaenwyr a gafodd eu lladd rhwng 1914 ac 1918. Dyna oedd y tu ôl i fwriad Hitler a'i bobol i sefydlu Almaen newydd, Almaen a fyddai'n wlad newydd i'r Almaenwyr.

Ar yr awyren, a hwythau'n paratoi i lanio yn Frankfurt, roedd Hitler wedi deffro. Wrth edrych allan drwy ffenest yr awyren, gallai Gareth Jones weld miloedd ar filoedd o bobol yn sefyll yn y maes awyr. Roedden nhw'n disgwyl yn eiddgar i weld eu Führer. Roedd nifer o arweinwyr y Natsïaid yn eu plith, rhai mewn iwnifform frown ac eraill mewn du, ond roedd pob un yn gwisgo'r swastica coch am ei fraich. Wrth lanio, roedd Hitler yn edrych yn ddyn gwahanol iawn, yn ôl Gareth. Wrth i'r olwg ddiniwed, ddi-ddim ddiflannu, roedd yn edrych yn awr fel dyn yn barod i arwain 14 miliwn o Almaenwyr.

Ar ôl gadael yr awyren a'r maes awyr, aeth rhes o geir â nhw'n gyflym iawn tuag at y neuadd yn Frankfurt lle roedd y rali'n cael ei chynnal. Erbyn iddyn nhw gyrraedd yno, roedd y lle'n orlawn, gyda dros 25,000 o bobol yn y neuadd. Roedden nhw wedi bod yn aros yno am Hitler am bron i wyth awr – sy'n dangos pa mor boblogaidd oedd e.

Cafodd Gareth Jones hefyd wahoddiad i fod yn rhan o grŵp Hitler, y rhai fyddai'n cadw cwmni iddo ar lwyfan y rali. Ar ôl brwydro drwy'r dorf, a'r gerddoriaeth uchel yn byddaru pawb, aeth Gareth i mewn i stafell ochr wrth ymyl y llwyfan gyda Hitler a Goebbels. Roedd baneri anferth yn chwifio'n uchel yn y neuadd, posteri propaganda wedi'u gosod ar y waliau ym mhobman, a'r bobol yn gweiddi ac yn canu. Gan eu bod yno i gyfarch eu Canghellor newydd am y tro cyntaf ers iddo gael ei ethol, roedd pawb yn teimlo'n llawn cyffro. Y rali oedd cyfle cyntaf nifer o'r Almaenwyr i weld y dyn roedd pawb yn ei edmygu. Disgrifiodd Gareth Jones yr olygfa pan gerddodd Hitler allan o'r stafell ochr ac i'r llwyfan fel hyn:

Pandemoniwm! 25,000 o bobol yn neidio ar eu traed, 25,000 o freichiau yn cael eu hymestyn i'r awyr. Roedd y floedd 'Heil, Hitler' yn anhygoel, ac yn dangos bod pobol wedi meddwi ar eu cenedlaetholdeb. Roedd hysteria llwyr wrth i Hitler gamu ymlaen ar y llwyfan a dechrau siarad. Aeth y lle'n hollol dawel ... Siaradodd Hitler yn dawel am y rhan fwyaf o'i araith ond yna cododd ei lais yn raddol nes erbyn y diwedd roedd yn gweiddi'n llawn angerdd ... wrth bwysleisio, 'Mae'r dyfodol yn perthyn i'r Almaen ifanc sydd wedi codi.' Yn dilyn yr araith cododd y 25,000 ar eu traed unwaith eto a gweiddi, 'Heil, Hitler!'

Cafodd y rali argraff amlwg ar Gareth Jones, yn wir cafodd ei ysgwyd gan y sefyllfa emosiynol. Ceisiodd ddisgrifio'r teimladau hyn drwy gyfeirio unwaith eto at Gymru:

Dyma i chi emosiwn yr Eisteddfod Genedlaethol wedi'i luosi sawl gwaith. Dychmygwch y teimlad cenedlaethol Cymreig yno wrth ymateb i David Lloyd George. Ychwanegwch at hynny chwerwder yr Almaenwyr o golli'r Rhyfel Byd Cyntaf, a'r teimlad o sarhad sydd mor amlwg yn yr Almaen heddiw. Mae dosbarth canol yr Almaen yn dlawd heddiw ac maent yn dioddef oherwydd chwyddiant ... Does dim rhyfedd eu bod yn emosiynol.

Dyna ddarlun Gareth o'r dorf oedd yn sefyll o flaen Hitler.

Roedd Gareth Jones yn gyfarwydd iawn â David Lloyd George gan ei fod wedi gweithio iddo yn Llundain. Yn ei erthygl yn y *Western Mail* cymharodd y ddau arweinydd – Lloyd George a Hitler.

Byddai Lloyd George yn siarad â mwy o hiwmor; roedd yn amlwg yn ddyn galluog wrth annerch torf o bobol. Byddai'n cyfeirio at nifer o lyfrau, gan gynnwys y Beibl. Ar y llaw arall, byddai Hitler yn annerch mewn llais tawelach, gan apelio mwy at yr emosiwn. Byddai'n codi bys cyntaf ei law dde yn aml iawn wrth siarad.

Roedd y ddau ddyn, meddai Gareth Jones, yn adnabod eu pobol yn y dorf ac yn gwybod sut i siarad â nhw'n effeithiol ac yn rymus.

Ar ddiwedd araith Hitler yn Frankfurt, aeth y dorf yn gwbl wyllt unwaith eto. Gadawodd Hitler y llwyfan yn chwys diferol a mynd yn ôl i'w stafell. Gadawodd pawb arall y llwyfan gydag e, gan gynnwys Gareth Jones, a'r dorf yn canu 'Deutschland über Alles' – anthem genedlaethol yr Almaen.

Ar ôl gadael y neuadd aeth Gareth i mewn i gar oedd yn aros amdano. Ar y strydoedd roedd miloedd o bobol yn cario tortshys o dân ac aeth y car heibio rhesi o ddynion. Y Storm Troopers neu'r Brownshirts oedd y rhain, a nhw fyddai'n gyfrifol am edrych ar ôl swyddogion y Natsïaid mewn ralïau, fel yr un yn Frankfurt. Byddai pob un yn cario tortsh o dân yn ei law chwith ac yn gwneud salíwt 'Heil, Hitler' â'i law dde.

Felly, roedd Gareth wedi dechrau ei daith ar long gyflyma'r byd. Yna, roedd wedi teithio yn awyren Hitler, a'r dyn ei hun yn eistedd yn agos ato. Gwelodd rali llawn angerdd yn Frankfurt, ac yntau'n eistedd ar y llwyfan y tu ôl i Hitler.

Mae hen ffilm o'r rali honno'n dal ar gael ac mae'n dangos Gareth yn eistedd ar y llwyfan. Dim ond am rai eiliadau yn y ffilm mae lluniau ohono, ond mae'n profi bod y dyn o'r Barri yno ar y llwyfan. Rhyfedd iawn yw ei weld ar yr un llwyfan â Hitler, o wybod yr hyn rydym yn ei wybod nawr am beth wnaeth y Führer yn ystod yr Ail Ryfel Byd. Tynnodd Gareth Jones ei hun sawl llun o'r digwyddiad hwn hefyd. Mae un llun dramatig iawn yn dangos tri llawr y neuadd a phob llawr yn llawn dop o bobol. Dyma rai o'r lluniau ddaeth i'r amlwg wrth glirio'r tŷ yn y Barri yn dilyn y lladrad yn 1999. A'r *flick-book* rhyfedd wrth gwrs!

Arhosodd Gareth Jones am ychydig ddyddiau yn yr Almaen, yna aeth ymlaen ar ei daith. Gadawodd Berlin a mynd drwy Ddwyrain Prwsia, Lithwania, Latfia ac yna i diroedd yr Undeb Sofietaidd. Roedd antur arall yn ei aros yn y wlad honno.

3

Bachgen bach o'r Barri

BETH AM DDYSGU YCHYDIG mwy am y dyn gafodd y profiad anhygoel yna yn yr Almaen. Pwy oedd e? O ble roedd e'n dod?

Cafodd Gareth Jones ei eni yn y Barri, ger Caerdydd, yn yr un flwyddyn ag y gwnaeth tîm rygbi Cymru guro'r Crysau Duon am y tro cyntaf, sef 1905. Ei dad oedd Major Edgar Jones, prifathro Ysgol Sirol y Bechgyn, y Barri. Roedd yn ddyn dylanwadol iawn yn y Barri ac roedd pawb yn adnabod y Major. I ysgol ei dad yr aeth Gareth, ac roedd ei dad yn ddylanwad amlwg ar ei fab. Yn academaidd, roedd Gareth yn fachgen disglair ac fe aeth i Goleg Prifysgol Aberystwyth ar ôl gadael yr ysgol. Astudiodd Ffrangeg yn y fan honno a chael gradd dosbarth cyntaf yno. Aeth ymlaen i Gaergrawnt wedyn i astudio am radd mewn Ffrangeg, Almaeneg a Rwsieg.

Yna, yn 1930, fe aeth i weithio i swyddfa David Lloyd George, y Cymro Cymraeg oedd yn Brif Weinidog ar wledydd Prydain o 1916 tan 1922. Lloyd George oedd wedi arwain y llywodraeth drwy'r Rhyfel Byd Cyntaf, ac felly roedd ganddo ddylanwad mawr ar wleidyddiaeth Prydain.

Ymunodd Gareth â'i staff. Oherwydd ei fod yn siarad pum iaith – Cymraeg, Saesneg, Rwsieg, Almaeneg a Ffrangeg, roedd Gareth Jones o gymorth mawr i Lloyd George mewn un maes arbennig, sef polisïau tramor. Mae'n siŵr fod gweithio i ddyn mor enwog drwy Ewrop â Lloyd George wedi agor llawer o ddrysau i Gareth Jones ar y Cyfandir hefyd.

Ond does dim amheuaeth nad gan ei fam y daeth y diddordeb yn iaith a phobol Rwsia. Roedd hi'n dod o Ddowlais, ger Merthyr Tudful, ond fe fuodd hi'n byw yn Rwsia cyn iddi briodi. Yn y 19eg ganrif, roedd Dowlais yn arwain y byd yn y diwydiant gwneud haearn, a byddai'r haearn hwn yn cael ei anfon dros y byd i gyd. Hefyd, fe gâi perchnogion y gweithfeydd haearn wahoddiad yn aml i fynd i wledydd eraill i'w helpu i sefydlu eu gweithfeydd haearn eu hunain.

Un o'r dynion o Ferthyr a gafodd wahoddiad o'r fath oedd dyn o'r enw John Hughes. Ei dad oedd prif beiriannydd gwaith haearn byd-enwog Cyfarthfa. Dysgodd y mab bopeth am y diwydiant haearn gan ei dad, a chyn hir roedd yn gyfrifol am ei weithfeydd ei hunan. Roedd yn berchen ar iard longau pan oedd yn 28 oed a ffowndri yng Nghasnewydd pan roedd yn 36 oed. Pan oedd yn rheolwr gwaith mawr yn Llundain, daeth cais iddo ymweld â Rwsia er mwyn helpu i ddatblygu gwaith haearn yno. Yn 1870 aeth gyda'i wraig a'i wyth o blant i'r Wcráin er mwyn dechrau bywyd newydd yno. Prynodd ddarn o dir ger y Môr Baltig ac aeth â thua chant o weithwyr dur a glowyr gydag e i weithio yn y gwaith newydd. Roedd y rhan fwyaf ohonyn nhw'n dod o Gymru. Sefydlodd gymuned i'w weithwyr yno, gan agor ysgolion, ysbytai ac eglwys ar eu cyfer. Ymhen dim, gwaith John Hughes oedd y gwaith mwyaf yn Rwsia.

Ond beth yw'r cysylltiad rhwng Gareth Jones a John Hughes? Daw'r ateb â ni yn ôl at fam Gareth Jones, Annie Gwen Jones. Cafodd hi gais i fynd allan i ofalu am blant mab John Hughes yn Rwsia. Roedd gan Arthur Hughes ddwy ferch, Lisa ac Ida, a gwaith Annie Gwen oedd edrych ar ôl y ddwy.

Mae'n amlwg ei bod hi wedi clywed cryn dipyn am Rwsia pan oedd yn byw yn Nowlais gan i gymaint o'r ardal symud i fyw yno. Wrth sôn pam y gadawodd Gymru a mentro ar antur i fyd mor bell i ffwrdd, dywedodd Annie Gwen fod yr awydd i fynd i Rwsia yn llosgi ynddi. Roedd am gael y profiad o fyw mewn gwlad newydd, ond yn benodol roedd am weld Rwsia. Esboniodd iddi glywed cymaint amdani fel gwlad lle roedd dioddef a thristwch. Ond, heblaw am hynny, doedd hi'n gwybod fawr ddim am y wlad ei hun. Felly, roedd hi am weld drosti ei hun sut roedd pobol Rwsia yn byw. Fe wnaeth ei mab ddangos yr un awydd ryw hanner can mlynedd yn ddiweddarach.

Teithiodd o'i chartref am chwe diwrnod ar ei ffordd i Rwsia, gan alw yn Berlin ar y ffordd. Galwodd wedyn yn Warsaw, a oedd ar y pryd yn brifddinas y Pwyliaid Rwsiaidd. Yn Warsaw dysgodd gryn dipyn sut roedd ymddwyn mewn dinas estron gan iddi fod ar goll yno am gyfnod. Dywedodd i'r profiad ei pharatoi ar gyfer ei bywyd yn Rwsia.

Yna, yn Hydref 1889, cyrhaeddodd Wastatiroedd Rwsia (the Russian Steppes) a'r man lle roedd John Hughes wedi agor ei ffowndri, The New Russia Company. Erbyn i Annie Gwen gyrraedd yno, roedd y dref wedi'i henwi ar ôl y Cymro – Hughesovska. Pan gyrhaeddodd John Hughes yno, dim ond bugail a chi defaid oedd yn byw yno, yn ôl y sôn. Erbyn i Annie Gwen gyrraedd, roedd dros 25,000 o bobol yn byw yn y dref.

Bryd hynny roedd nifer fawr o Gymry yn byw ac yn gweithio yn Hughesovska, er bod pobol yno o nifer o wledydd eraill hefyd. Roedd Pwyliaid yno, Ffrancwyr, Almaenwyr, Tartariaid, Iddewon, a Rwsiaid wrth gwrs. Roedd yn dref fawr gosmopolitaidd, ac wedi'i sefydlu gan Gymro. Felly, setlodd Annie Gwen yno a dechrau ar ei gwaith o roi addysg i'r ddwy ferch fach.

Yn ôl yn eu cartref yn y Barri, a hithau bellach yn fam, byddai Annie Gwen yn adrodd straeon lliwgar am y wlad bell wrth ei mab, Gareth, ac yn sôn am ei chyfnod yn Rwsia. Wedi iddi ddod adre, ar ôl bod yn Rwsia am dair blynedd, ysgrifennodd lawer o'i hatgofion mewn llyfryn, a thrwy ddamwain daeth ei theulu o hyd iddo. Mae'r llyfryn yn rhoi syniad i ni beth fyddai Gareth Jones wedi'i glywed ar lin ei fam.

Y peth cyntaf i'w tharo ar ôl iddi gyrraedd y wlad newydd oedd y tywydd, oedd mor wahanol i dywydd Dowlais. Dywed mai dim ond dau dymor oedd yno, haf a gaeaf, ond bod y ddau dymor hwnnw'n gallu newid o ddiwrnod i ddiwrnod. Gallai'r wlad fod o dan drwch o eira un diwrnod, meddai, ac yna'r diwrnod canlynol byddai popeth wedi dadmer. Gan fod y tymheredd yn gallu disgyn ymhell o dan y pwynt rhewi, byddai'n rhaid i bawb wisgo ffwr trwchus fel dillad. Byddai pob rhan o'u cyrff wedi'i chuddio gan ffwr, heblaw am eu llygaid, yn ôl Annie Gwen. Dros y dillad i gyd, byddai pawb yn gwisgo siôl o flew camel ac, am eu traed, esgidiau mawr o ffwr. Bydden nhw hefyd yn gwisgo esgidiau rwber (galoshes) dros yr esgidiau. Yn wir, bydden nhw'n edrych yn debycach i Esgimos na dim byd arall!

Yn ystod un o'r gaeafau pan oedd Annie yno roedd yr eira mor drwchus fel nad oedd yn bosib iddyn nhw adael eu cartref am dair wythnos. Cuddiai'r eira ffenestri'r tŷ am gyfnod, felly, yn naturiol, doedd dim modd iddyn nhw weld allan. Ond yn waeth na hynny hyd yn oed, roedd y tŷ mewn tywyllwch o ganlyniad i hyn. Roedd ymwelwyr yn aros gyda nhw ar y pryd a doedden nhw ddim yn gallu mynd adre. Un prynhawn fe wnaethon nhw fentro allan a'u bwriad oedd mynd adre ar y slej gyda'r plant. Ond fe wnaeth rhai o bobol eraill y dref eu rhybuddio rhag gwneud hynny gan eu bod yn ofni tywydd gwael. Bu hwnnw'n gyngor doeth iawn oherwydd cawson nhw storm ofnadwy o eira yn fuan wedyn. Y bore wedi'r storm, daeth pobol y dref o hyd i un ar ddeg o bobol wedi rhewi i farwolaeth ar gyrion Hughesovska. Yn eu plith, roedd bachgen ifanc, mab i wraig o bentref Rhymni.

Problemau o fath arall fyddai'n eu hwynebu yn yr haf. Byddai'r tymheredd yn gallu bod yn uchel iawn. Y broblem gyda hynny oedd y byddai'r clêr, y pryfed a'r locustiaid yn dod allan yn eu miloedd o ganlyniad i'r gwres, ac yn aml iawn byddai'n rhaid i'r bobol aros yn y tŷ yn ystod y dydd. Yn ogystal â hynny, rhaid cofio nad oedd system ddraeniau da yn y dref a byddai'r arogl yn ofnadwy. Byddai'r system ddraeniau gwael yn achosi llawer o afiechydon gwahanol. Roedd dysentri'n broblem fawr yn y dref, a byddai hyd at hanner cant o blant yn marw bob haf, o ganlyniad i'r afiechyd hwnnw.

Problem arall y byddai'r gwres yn ei hachosi oedd tanau cyson. Byddai'r broblem yn waeth yma gan fod y rhan fwyaf o dai'r bobol wedi'u gwneud o bren. Trefnodd John Hughes fod twr yn cael ei godi a bod gwyliwr ar y twr i rybuddio'r bobol pan fyddai tân yn dechrau yn rhywle yn yr ardal. Os byddai tân, câi'r frigâd dân ei galw ac roedd y rhan fwyaf o ddynion y frigâd dân yn dod o Gymru, wedi'u dewis gan John Hughes.

Roedd tlodi yn ychwanegu at broblemau iechyd y bobol hefyd. Gan eu bod mor dlawd, doedd dim modd osgoi gweithio, neu ni fyddai unrhyw arian yn cyrraedd y cartrefi i roi bwyd ar y bwrdd. Yn achos y menywod yn benodol, byddai'n rhaid iddyn nhw fynd yn ôl i weithio ddiwrnod neu ddau ar ôl rhoi genedigaeth i blentyn, hyd yn oed.

Yn sicr, nid dyna'r wlad braf roedd Annie Gwen wedi meddwl fyddai'n ei chroesawu yn Rwsia. Nid dyna'r syniad oedd ganddi o Rwsia pan oedd hi'n byw yn ôl gartref yn Nowlais. Mae Annie Gwen hefyd yn sôn yn ei hatgofion am y bobol a symudodd i fyw i Hughesovska o dref haearn de Cymru.

Cafodd ei synnu gan y gwahaniaeth mawr rhwng y bobol dlawd a'r bobol gyfoethog, ac nad oedd dosbarth canol yn bodoli yno. Y bobol dlawd oedd y *muzhiks* a byddai'r Rwsiaid cyfoethog yn eu casáu. Yn wir, bydden nhw'n trin eu cŵn yn well nag y bydden nhw'n trin y *muzhiks*. Pobol dal oedd y *muzhiks*, a'u cyrff yn sgwâr, a doedden nhw ddim wedi cael addysg o unrhyw fath. Rhyw ddau neu dri chant o eiriau yn unig oedd ganddyn nhw a bydden nhw'n defnyddio abacws i gyfrif. Roedd gan y dynion a'r menywod ddannedd hyfryd, meddai Annie Gwen. Mae hwnnw'n sylw diddorol sy'n dangos bod y bobol yn cymryd rhyw falchder ynddyn nhw eu hunain, er gwaetha'u hamgylchiadau.

Roedd y balchder hwnnw'n amlwg ar ddydd Sul ac ar ddiwrnod gŵyl pan fydden nhw'n gwisgo dillad lliwgar, traddodiadol. Byddai'r menywod yn gwisgo dillad o bob lliw dan haul, yn cynnwys coch, melyn, gwyrdd a glas i addurno'u dillad, ond mewn ffordd ddigon ffwrdd-â-hi. Gallai'r sgert fod o un lliw a'r blows o liw arall, a ffedog o liw gwahanol wedyn. Byddai brodwaith cywrain ar y ffedog a thlysau gwydr o amgylch eu gyddfau. Nid het fyddai ar eu pennau, ond yn hytrach hances draddodiadol, liwgar. Cawn ddarlun, felly, o bobol arbennig iawn, pobol oedd yn falch o'u treftadaeth, ac yn mwynhau eu bywyd syml, er gwaetha'r anawsterau amlwg.

Ar yr ochr arall roedd y cyfoethog – y *'wellborn'* mae Annie Gwen yn eu galw. Fe fydden nhw'n cael yr addysg orau a doedd hi ddim yn anarferol iddyn nhw allu siarad pedair iaith. Er eu bod nhw'n ddiog, roedden nhw'n bobol groesawgar tu hwnt. Fe fydden nhw'n gwisgo modrwyau di-ri am eu bysedd ac yn ysmygu drwy'r amser, bron. Roedd gan y wlad gyfoeth o fwynau ond, yn anffodus, roedd y bobol a allai fanteisio ar y cyfoeth, trwy gloddio'r mwynau, yn rhy ddiog i wneud hynny.

Byddai un ymwelydd amlwg â'r ardal yn creu trafferthion mawr – y llygoden fawr. Roedd ganddi ei henw arbennig, sef *steppe rat*, ac roedd yn bla yn y rhan hon o Rwsia gan ei bod yn difa'r cnydau ac yn lledu afiechydon. Fe benderfynodd llywodraeth y wlad ymateb drwy orfodi'r bobol i fynd â llwyth o draed y llygod i swyddfa'r llywodraeth leol bob blwyddyn. Os na fydden nhw'n gwneud hynny, byddai'n rhaid iddyn nhw dalu dirwy uchel iawn. Er mwyn sicrhau eu bod yn cael digon o draed llygod, byddai'r *muzhiks* yn cynnau tanau amrywiol fan hyn a fan draw.

Yna, bydden nhw'n twymo'r dŵr roedden nhw wedi'i gasglu mewn fflasgiau ac yn arllwys dŵr berwedig i lawr tyllau'r llygod mawr. Byddai'r llygod yn dod i'r wyneb wedyn, er mwyn ceisio dianc – ac yn cael eu dal. Yna, byddai'r *muzhiks* yn torri eu traed i ffwrdd. Byddai'r bobol yn casglu'r traed hyn, a phan fyddai digon ganddyn nhw, fe fydden nhw'n mynd i'r swyddfa ac yn dangos i'r awdurdodau eu bod yn gwneud eu gorau i ddelio â phla'r llygod.

Roedd llwynogod a sgwarnogod yn ddigon cyffredin yno hefyd, a byddai'r bobol gyfoethog yn trefnu i hela'r anifeiliaid hyn. Byddai'r cŵn fydden nhw'n eu defnyddio ar gyfer yr helfa'n dod o Ferthyr Tudful, ac wedi'u cludo'r holl ffordd oddi yno i Rwsia ar long stemar yr *Odessa*.

Fel ym mhobman, byddai trafferthion yn codi o bryd i'w gilydd gan fod lladron yn Hughesovska. Yn ogystal â sefydlu brigâd dân, roedd John Hughes hefyd wedi trefnu gwylwyr i ofalu am y strydoedd, er mai dim ond un ci a chwiban oedd gan y dynion hyn. Roedd angen mwy na hynny arnyn nhw, a chafodd John Hughes ganiatâd llywodraeth y wlad i leoli rhai o filwyr y Cosaciaid (Cossacks) yn Hughesovska. Adeiladodd farics ar eu cyfer a byddai eu presenoldeb ar strydoedd y dref, a'u gweiddi uchel a dramatig, yn codi ofn ar y bobol leol.

Cafodd yr Iddewon oedd yn byw yn y dref amser caled iawn. Roedd dau synagog yno a'r Iddewon oedd yn berchen ar y rhan fwyaf o fusnesau Hughesovska. Ond pan fyddai trafferthion neu derfysgoedd yn y dref, yr Iddewon fyddai'n cael y bai. Yn amlach na pheidio, nid y nhw oedd yn gyfrifol am y trafferthion yn y lle cyntaf. Ac weithiau roedd arwyddion mewn ambell fan yn dweud nad oedd cŵn nac Iddewon yn cael ymdrochi yn y baddonau cyhoeddus.

Roedd sensoriaeth yn amlwg yno hefyd, a châi pob papur newydd o Brydain ei ddarllen yn y swyddfa bost leol cyn ei ddosbarthu. Os byddai unrhyw sylw yn un o'r papurau hyn yn beirniadu llywodraeth Rwsia, yna byddai un o ddau beth yn digwydd. Naill ai byddai'r papur yn cael ei gadw yn swyddfa'r post neu byddai'r paragraff oedd yn cynnwys y sylw beirniadol yn cael ei dorri allan. Yn achos Annie Gwen, roedd yn rhaid iddi hi ddweud ei bod yn perthyn i'r Eglwys er nad oedd yn perthyn iddi. 'Doedd gen i ddim hawl i ddefnyddio fy mhasbort,' meddai, 'os nad oedd yn dweud yn glir iawn arno fy mod yn aelod o Eglwys Loegr. Doeddwn i ddim.'

Fyddai awdurdodau Rwsia ddim yn derbyn pobol o Brydain i'r wlad os nad oedden nhw'n perthyn i Eglwys Loegr. Roedd yr awdurdodau'n poeni efallai y bydden nhw'n barod i brotestio a chreu trafferthion yn Rwsia – a doedd dim croeso iddyn nhw yno. Felly, fe fuodd yn rhaid i Arthur Hughes newid pasbort Annie Gwen i ddweud ei bod yn perthyn i Eglwys Loegr.

Doedd y Rwsiaid ddim yn credu mewn crogi pobol, er bod honno'n gosb gyfreithiol ym Mhrydain ar y pryd. Nid am eu bod yn credu bod crogi'n rhy greulon yr oedd hynny, o na. Yn eu tyb nhw, roedd crogi yn gosb rhy feddal ac yn ffordd rhy gyflym o farw! Fe ddyfeision nhw ffyrdd eraill o gosbi troseddwyr, ffyrdd mwy creulon ac eithriadol o boenus. Ar ben hyn oll, erbyn i Annie Gwen gyrraedd yno roedd yr arfer wedi dechrau o anfon carcharorion i wersylloedd cadw ac i gloddfeydd creulon Siberia bell.

Dyna'r math o straeon y byddai Gareth Jones, y bachgen bach, yn eu clywed gan ei fam. Pan oedd yn fachgen ifanc, felly, roedd ganddo syniad go glir o'r math o fywyd y byddai pobol Rwsia yn ei fyw. Gwyddai am dirwedd y wlad, am y tywydd yno ac am arferion a phatrymau byw'r bobol. Gwyddai hefyd am lenyddiaeth a cherddoriaeth gyfoethog y wlad, ac roedd enwau fel Tolstoy a Tchaikovsky yn gyfarwydd iddo. Roedd yn gwybod am y pethau da am y wlad, ond gwyddai hefyd am rai pethau annymunol amdani.

Fe setlodd Annie Gwen i batrwm bywyd y wlad a chafodd amser da iawn yn edrych ar ôl plant Arthur Hughes. Ond bu'n rhaid iddi adael Rwsia ar frys yn y diwedd. Roedd yr afiechyd colera wedi lledu drwy Hughesovska, a dychwelodd Annie Gwen yn ôl i Gymru bythefnos yn unig cyn i derfysgoedd ofnadwy ddechrau yn y dref o ganlyniad i'r colera. Cafodd nifer fawr o beiriannau'r gwaith haearn eu malu, cafodd rhannau helaeth o'r dref eu llosgi a chafodd nifer fawr o'i phobol eu lladd.

Ond er gwaetha'r ffaith iddi weld digon o bethau annymunol ym mywyd Rwsia, doedd Annie Gwen ddim wedi chwerwi yn erbyn y wlad na'i phobol. 'Rydw i'n dal i annog cyfeillgarwch gyda'r Rwsiaid,' meddai hi, 'oherwydd, er bod yna wendidau amlwg, mae ganddyn nhw bosibiliadau anhygoel. Teimlaf y gallwn ni, bobol Prydain, fod yn gyfrwng i'w goleuo a dod â hapusrwydd a llwyddiant i'w rhan.'

Y rhain, felly, oedd y dylanwadau cryf ar y Gareth ifanc. Dyw hi ddim yn syndod iddo fagu teimladau cryf iawn tuag at Rwsia dros gyfnod o flynyddoedd lawer. Mater o amser fyddai hi cyn y byddai ef ei hun yn dilyn ôl traed ei fam a mentro i fod yn rhan o fyd y Rwsiaid. Felly, yn ddyn ifanc 25 oed gwnaeth ei daith gyntaf i'r wlad a fuodd am gyfnod yn ail gartref i'w fam.

4

Cyrraedd Rwsia am y tro cyntaf

1930 – DECHRAU DEGAWD newydd, degawd a
fyddai'n newid cwrs y byd. Erbyn diwedd y
degawd byddai gwledydd mwya'r byd mewn
rhyfel byd arall. Byddai'n ddegawd echrydus i
Gareth Jones hefyd – ac yntau'n byw i weld llai
na'r pum mlynedd cyntaf. Ond roedd dechrau'r
degawd yn un digon hapus iddo gan ei fod wedi
cael cynnig i ymweld â Rwsia am y tro cyntaf.
Dyma'r cyfle iddo weld â'i lygaid ei hun y wlad
lle buodd ei fam yn byw am dair blynedd. Ond
prin ei fod yn disgwyl gweld yr hyn a welodd
yn ystod ei dri ymweliad â Rwsia gan y bydden
nhw'n newid ei fywyd.

Daeth yn agos at gyrraedd yr Undeb Sofietaidd
ddwy waith cyn ei ymweliad yn 1930 ac roedd
bellach yn ysu am fynd yno. Yn 1922, ac yntau'n
17 oed, roedd yn Vilnius, prifddinas Lithwania.
Ysgrifennodd lythyr at ei rieni'n llawn cyffro
yn dweud nad oedd ond 120 o filltiroedd o
Hughesovska. Clywsom yn barod iddo ymweld â'r
Almaen bob blwyddyn wedyn o 1923 ymlaen.

Yn 1927, roedd ar grwydr unwaith eto, a'r
tro hwn aeth i gyfeiriad Rwsia. Ond wnaeth e

ddim cyrraedd Rwsia. Roedd y berthynas rhwng Prydain a Rwsia yn fregus y flwyddyn honno ac fe dorrwyd pob cysylltiad swyddogol rhwng y ddwy wlad. Felly meddyliodd Gareth am gynllun arall – cafodd waith fel *stoker* ar long yn cario glo. Cyrhaeddodd Riga, prifddinas Latfia, ac aros yno dros yr haf gyda theulu tlawd oedd wedi symud i fyw i'r ardal. Wrth iddo fyw gyda nhw, fe ddysgodd gryn dipyn o Rwsieg y werin bobol.

Erbyn 1929, roedd y berthynas rhwng Rwsia a Phrydain yn well unwaith eto. Felly, erbyn i Gareth raddio mewn Rwsieg o Brifysgol Caergrawnt, a dechrau gweithio i Lloyd George, roedd mewn sefyllfa addas iawn i allu trefnu taith i'r Undeb Sofietaidd a dilyn ôl troed ei fam.

Mae'n siŵr ei fod yn llawn cyffro wrth adael ei gartref ac anelu am Rwsia. Yr Undeb Sofietaidd oedd enw'r wlad yn swyddogol yr adeg honno, er y byddai pawb yn dal i'w galw'n Rwsia ar lafar, yn enwedig yn y Gorllewin. Gwaith Gareth oedd cynnig cyngor i'r cyn Brif Weinidog, Lloyd George, ar faterion tramor. Nid mynd ar wyliau i Rwsia wnaeth e, felly, ond mynd yno ar fusnes swyddogol. Aeth yno i gasglu gwybodaeth ar gyfer Lloyd George.

Roedd dau beth amlwg ar ei feddwl, felly, wrth iddo gyrraedd y wlad. Ar y naill law, y straeon a glywsai gan ei fam yn ystod ei blentyndod, ac, ar y llaw arall, yr angen i gasglu gwybodaeth am safon byw pobol Rwsia. Ar ôl cyrraedd, doedd e'n sicr ddim am adael i gysylltiadau ei fam â'r wlad ddylanwadu ar ei farn ef am y sefyllfa yno. Doedd dim rhamantu gwag yn yr adroddiadau a ysgrifennodd yn dilyn ei ymweliad. Fe ysgrifennodd sawl erthygl i bapurau newydd ar ôl dychwelyd adref, gan ddweud ei farn yn onest iawn ac yn ddigon beirniadol am safon byw yn Rwsia.

Mae'n siŵr fod cyrraedd Hughesovska yn brofiad arbennig iawn i Gareth – cael gweld y dref haearn ar dir Rwsia. Fe fyddai wedi clywed straeon am y lle dros ugain mlynedd cyn hynny, ac mae'n siŵr fod ganddo ddarlun yn ei feddwl o Hughesovska. Nawr roedd ganddo gyfle i weld y lle â'i lygaid ei hunan.

Roedd Gareth yn gwybod bod sensoriaeth yn elfen amlwg yn y wlad erbyn hyn. Felly, yn y llythyr a anfonodd at ei rieni yn y Barri, dyw e ddim yn dweud llawer iawn. Does dim llawer o fanylion am y ffordd roedd yn teimlo, na sôn am ei farn am y lle. Llythyr byr iawn ysgrifennodd e, yn dechrau gyda'r gair, 'Hughesovska!' Mae'n siŵr fod y Cymro yma'n falch fod John Hughes wedi datblygu'r fath dref yn Rwsia. Byddai Gareth bob amser yn manteisio ar unrhyw gyfle i ddangos ei falchder o weld llwyddiant y Cymry. Chafodd e mo'r cyfle i aros yn hir yn nhref John Hughes, fodd bynnag, ac ymhen dim, roedd ar daith unwaith eto. Ond o leiaf roedd e wedi llwyddo i wireddu breuddwyd oes drwy fynd ar bererindod i Hughesovska.

Wythnos wedi iddo adael Rwsia, cyrhaeddodd yr Almaen, ac ysgrifennodd lythyr at ei rieni oddi yno. Yn y llythyr hwnnw gallai ddweud llawer mwy am yr hyn roedd wedi'i weld yn Rwsia. Roedd yn teimlo'n falch ei fod yn ôl yn yr Almaen unwaith eto. Esboniodd fod Rwsia mewn cyflwr ofnadwy. Doedd dim bwyd yno, heblaw am fara, a digon diflas oedd y gweithwyr, gyda 90 y cant ohonyn nhw'n anhapus eu byd. Dywedodd ei fod yn grac iawn fod pobol fel Shaw (yr awdur enwog, George Bernard Shaw) yn gallu ymweld â Rwsia a chael ei arwain gan swyddogion i weld yr hyn roedden nhw am iddo'i weld. Ar ôl dychwelyd adref dywedodd Shaw fod y bobol yn cael digon o fwyd a bod Rwsia yn baradwys.

Darlun hollol wahanol a welsai Gareth o'r wlad. Awgrymodd Gareth y byddai yno ddioddef mawr yn ystod y gaeaf canlynol ac y byddai newyn yn y wlad. Yn ei farn ef, llywodraeth Rwsia oedd y llymaf yn y byd ac felly roedd y tlodion yn casáu'r Comiwnyddion. Esboniodd

41

fod miloedd ar filoedd o ddynion gorau Rwsia wedi cael eu hanfon i Siberia y flwyddyn honno i garchar ar Ynys Solovki.

Esboniodd Gareth i'w rieni ei fod wedi gorfod gadael Hughesovska oherwydd y dioddef yno a'r ffaith nad oedd bwyd yno: 'Un rheswm pam y bu'n rhaid i mi adael Hughesovska oedd oherwydd mai'r cyfan y gallwn ei gael i'w fwyta oedd un dorth fechan o fara – a dyna'r cyfan roeddwn wedi'i fwyta cyn 7 o'r gloch y nos. Mae cymaint o Rwsiaid yn rhy wan i weithio. Rwy'n teimlo'n flin iawn drostyn nhw.'

Nid paradwys oedd y wlad, ac nid lle rhamantaidd a welodd Gareth yn Rwsia. Doedd straeon ei fam ddim yn ddigon i'w ddallu rhag gweld pethau fel roedden nhw yn y wlad.

Wedi iddo ddod yn ôl adre, fe aeth i gyfarfod â'i gyflogwr, Lloyd George, yn ei gartref yn Churt, Swydd Surrey. Disgrifiodd wrth Lloyd George bopeth roedd wedi'i weld yn Rwsia. Yno, yr un pryd â Gareth, roedd dyn o'r enw yr Arglwydd Lothian ac roedd erthyglau Gareth wedi creu cryn argraff arno. Dywedodd hwnnw wrth y Cymro ifanc y dylai ysgrifennu erthyglau am yr hyn a welsai a'u hanfon i'r papurau newydd. Fe helpodd Gareth i wneud hyn hefyd, drwy ei gyflwyno i olygydd *The Times*. Ychydig wedi hynny, cyhoeddwyd cyfres o erthyglau gan

Gareth yn *The Times* a chyfres arall ar gyfer y *Western Mail* yng Nghymru.

Ymddangosodd yr erthyglau hyn ym mhob papur newydd ac roedden nhw i gyd yn dweud yr un peth. Yr hyn wnaeth daro Gareth Jones ynglŷn â Rwsia oedd y snobyddiaeth yno a hefyd yr annhegwch. Roedd yr erthyglau papur newydd hyn yn rhoi llawer mwy o fanylion ynglŷn â'r sefyllfa oedd yn bodoli yno. Dyma'r sefyllfa y gwnaeth ef ei disgrifio yn ei lythyr cyntaf at ei rieni ar ôl gadael Rwsia.

Yr erthygl gyntaf a ysgrifennodd erioed oedd un i'r *News Chronicle* ym mis Hydref 1930. Yn yr erthygl honno, mae'n sôn am snobyddiaeth Rwsia gan ddweud mai'r gweithwyr yn y trefi oedd aristocratiaid newydd Rwsia. Nhw fyddai'n cael eistedd yn y seddi gorau yn y Tŷ Opera. Nhw fyddai'n cael mynd i ffrynt y ciw pan fyddai cig yn brin. Dim ond nhw fyddai'n cael mynd i gartrefi gorffwys a'r sanatoriwm.

Pan fyddai gan rywun gerdyn undeb llafur, yna byddai'n cael yr hawl i dalu llai am docynnau i'r theatr, yr opera, y gerddi cyhoeddus, yn ogystal ag ymweld ag orielau'r tai bwyta. Er hynny, roedd y rhan fwyaf o'r bobol yn rhy dlawd i gyrraedd y safon byw yma. Roedd Gareth Jones yn casáu agwedd sarhaus yr undebwyr hyn tuag at bawb arall. Dywedodd ei bod yn llawer gwaeth nag agwedd un dosbarth cymdeithasol tuag at y llall yng ngwledydd Prydain.

Pythefnos yn ddiweddarach, ymddangosodd cyfres o erthyglau ganddo yn *The Times* o dan y teitl, 'Y Ddau Rwsia'. Soniodd yn yr erthyglau hyn unwaith eto am agwedd yr undebwyr, fel y gwnaeth yn y *News Chronicle*, ond yn fwy manwl, gyda mwy o enghreifftiau. Rhoddodd lawer mwy o sylw yn *The Times* i agwedd pobol o wledydd eraill tuag at Rwsia, yn enwedig agwedd pobol o wledydd Prydain tuag atyn nhw. Ar ôl iddo ymweld â Rwsia, dywedodd Gareth Jones fod ymwelwyr o wledydd Prydain yn dod adre ac yn canmol pa mor deyrngar oedd pobol y wlad i'r rhai oedd yn eu rheoli. Ond dadleuodd fod yr ymwelwyr hynny wedi bod yn gwbl ddall i'r ffaith fod cymaint o'r bobol yn anfodlon, gan eu bod yn dioddef llawer yn dawel:

Mae grwpiau o dwristiaid, sydd o blaid yr holl syniad o baradwys y gweithwyr cyn iddyn nhw gyrraedd y wlad, yn cael eu harwain o gwmpas y wlad gan bobol frwdfrydig a galluog. Maen nhw'n dychwelyd adre, felly, yn frwd o blaid yr hyn sy'n digwydd yn Rwsia, yn enw'r dosbarth gweithiol. Ond nid oedd yr ymwelwyr hyn yn gallu siarad yr iaith Rwsieg o gwbl, a doedden nhw ddim wedi cyfarfod ag unrhyw Rwsiaid cyffredin. Cwrdd â'r rhai wnaeth eu tywys o gwmpas y wlad wnaethon nhw. Felly, fe ddaethon nhw i'r casgliad fod y rhan fwyaf o'r bobol o blaid yr hyn roedd y Comiwnyddion yn ei wneud, er nad oedd ganddyn nhw unrhyw dystiolaeth go iawn dros ddweud hynny.

Dywedodd fod y bobol oedd yn rheoli'r Blaid Gomiwnyddol yn bobol ddymunol iawn, er hynny. Roedden nhw'n awyddus iawn i'r ymwelwyr gael yr argraff orau o'u gwlad. Felly, welson nhw mo'r beiau nag annhegwch y system yn y lle cyntaf, neu doedden nhw ddim yn barod i sôn amdanyn nhw.

Er mwyn deall yr hyn oedd yn digwydd yn y wlad go iawn, roedd yn rhaid gallu siarad yr iaith Rwsieg. Pam? Wel, er mwyn gallu darllen papurau'r wlad a siarad â Rwsiaid oedd yn byw mewn gwahanol ardaloedd ac yn perthyn i bob dosbarth o'r gymdeithas. Roedd Gareth Jones wedi sylweddoli bod celf o bob math yn cael ei defnyddio ar gyfer creu propaganda. Gwelodd bosteri lliwgar iawn ym mhobman yn pwysleisio neges y Comiwnyddion, ac roedd hyd yn oed y theatr yn cael ei defnyddio i'r un pwrpas. Mewn un gwesty, gwelodd Gareth Jones lestri tsieina ac arnyn nhw'r geiriau 'Workers of the World Unite'.

Hyd yn oed ar ei daith gyntaf i Rwsia, gwelodd

Gareth Jones gryn dipyn o ddioddef a chafodd ei synnu o'i weld. Roedd yr ymweliad â'r wlad yr oedd mor gyfarwydd â chlywed ei henw ers pan oedd yn blentyn bach yn sicr yn agoriad llygad iddo. Aeth ar ddwy daith arall i Rwsia yn ystod y tair blynedd ar ôl 1930. Cadarnhaodd yr ymweliadau hyn yr argraff gyntaf a gafodd Rwsia arno. Nid oedd yn hoffi'r hyn oedd yn digwydd yn y wlad yn enw Comiwnyddiaeth.

5

Dim bara i'r bobol

MAE'R ENW HEINZ YN gyfarwydd iawn i bob un ohonon ni. Dyna'r enw sy'n gysylltiedig â'r ffa pob a'r saws coch sydd ar ein bwrdd bwyd, ac mae cwmni Heinz wedi bod yn cynhyrchu'r nwyddau hynny ers blynyddoedd lawer. Pan ddaeth Gareth Jones yn ôl o Rwsia yn 1930, fe aeth i weithio i Lloyd George am beth amser. Ond, yn 1931, cafodd gynnig gwaith yn America. Enw mawr ac adnabyddus yn y byd cysylltiadau cyhoeddus (PR) yn y dyddiau hynny oedd Ivy Lee – dyn dylanwadol iawn yn yr Unol Daleithiau. Roedd ei gwmni, Ivy Lee Associates, yn gyfrifol am gysylltiadau cyhoeddus rhai o gwmnïau mwyaf America, fel Chrysler, Standard Oil a Sefydliad Rockerfeller. Gofynnodd Ivy Lee i Gareth Jones weithio iddo fe. Roedd e eisiau i'r Cymro wneud gwaith ymchwil ar lyfr yn ymwneud â'r Undeb Sofietaidd. Er mwyn gwneud yr ymchwil honno, roedd am i Gareth fynd ar daith i Rwsia unwaith eto ac fe drefnodd fod rhywun yn mynd gydag e. Y dyn hwnnw oedd Jack Heinz II, etifedd cwmni mawr y teulu Heinz.

Fe fuodd y ddau'n teithio yn Rwsia am chwe wythnos, ac yn ystod rhan olaf eu taith roedden nhw yn yr Wcráin. Dyna ble y gwelson nhw'r dioddef gwaethaf. Ar ôl dod adre, fe gyhoeddodd Jack Heinz lyfr, yn ddienw, o'r enw *Experiences in Russia 1931: a Diary*. Gareth Jones ysgrifennodd y rhagair i'r llyfr hwn, ac mae'n dweud:

> Gan fod gen i wybodaeth am Rwsia ac yn gallu siarad ei hiaith, roedd yn bosib inni fynd oddi ar y prif ffyrdd i siarad â'r gweithwyr a'r tlodion. Fe siaradon ni hefyd gyda rhai o'r arweinwyr ... pobol fel gweddw Lenin a Karl Radek [Ysgrifennydd Mudiad Rhyngwladol y Comiwnyddion]. Fe wnaethon ni ymweld â phrosiectau peirianyddol a ffatrïoedd. Fe gysgon ni ar lawr sawl bwthyn tlawd a'r rheini'n llawn chwain. Fe wnaethon ni rannu bara du a chawl bresych wrth fwyta yng nghwmni'r bobol gyffredin. Do, fe ddaethon ni i gysylltiad uniongyrchol â phobol Rwsia yn eu brwydr i fyw eu bywydau o ddydd i ddydd. Roeddem hefyd yn gallu pwyso a mesur eu hymateb i benderfyniadau'r Llywodraeth Sofietaidd. Roedd yn brofiad gwerthfawr ac o ddiddordeb aruthrol i mi. Cefais gyfle i wneud astudiaeth o wlad a oedd yng ngafael haearnaidd chwyldro proletaraidd.

Ysgrifennodd Gareth erthygl i'r *Western Mail* gan gyfeirio at y sgwrs a gafodd gyda gweddw Lenin, arweinydd y Bolsheviks oedd wedi creu chwyldro yn ei wlad yn gynharach yn yr ugeinfed ganrif. Teitl yr erthygl oedd 'Lenin's Widow Talks to a Welshman'. Rhyfedd meddwl heddiw fod stori o'r statws hwn wedi ymddangos yn y *Western Mail*. Yr un mor rhyfedd oedd gweld ei stori am hedfan mewn awyren gyda Hitler yn ymddangos yn yr un papur.

Ar ôl dod adre o'i daith i Rwsia, i Efrog Newydd yr aeth Gareth Jones gan barhau i weithio i Ivy Lee. Ond roedd Dirwasgiad Mawr y 1930au wedi dechrau cydio a daeth ei waith yn America i ben. Ar ôl dychwelyd i Lundain, cafodd waith unwaith eto gan Lloyd George. Erbyn hynny, roedd ganddo ddarlun clir iawn o sefyllfa'r werin bobol yn Rwsia. Ei bryder mawr oedd y byddai mwy a mwy – yn wir, miliynau – o Rwsiaid yn dioddef ymhen ychydig flynyddoedd. Roedd yn credu mai drwy wneud i'r bobol dlotaf yn y gymdeithas ddioddef y byddai Stalin a'i gyd-arweinwyr yn dal gafael ar eu grym. Gwelai hyn fel cynllwyn gan yr arweinwyr er mwyn sicrhau y bydden nhw'n cael eu ffordd eu hunain. Yn naturiol, roedd Gareth Jones yn credu bod hyn yn annheg ac yn wir yn gwbl anfoesol.

Aeth Gareth Jones ddim yn ôl i Rwsia yn 1932, ond eto byddai'n cadw llygad manwl ar yr hyn oedd yn digwydd yno. Yn y flwyddyn honno, ym mis Medi, fe ysgrifennodd at ei hen fòs, Ivy Lee. Wrth ddisgrifio'r Wcráin, dywedodd, 'Mae'r cynhaeaf wedi methu yno ac mae'n debygol y bydd miliynau yn dioddef newyn mawr yn yr Wcráin y gaeaf yma.'

Teimlai Gareth fod yn rhaid iddo fynd yn ôl yno. Allai e ddim eistedd adre yn gwybod beth oedd yn digwydd i bobol yr Wcráin. Allai Gareth Jones ddim cadw'n dawel. Er mwyn disgrifio i'r byd beth oedd yn digwydd yno, roedd yn rhaid cael mwy o wybodaeth. Fe adawodd am Rwsia unwaith eto ar ddechrau'r flwyddyn 1933. Cyhoeddodd fanylion y daith honno mewn cynhadledd i'r wasg yn Berlin ym mis Mawrth 1933. Yn dilyn y gynhadledd honno, fe ymddangosodd nifer o erthyglau mewn papurau newydd ar draws y byd. Roedd y gair wedi mynd ar led am y newyn.

Yn y *New York Evening Post* y pennawd oedd, 'Famine Grips Russia, Millions Dying'. Yn y *Chicago Daily News*, 'Russian Famine now as great as Starvation of 1921'. Yn y *Morning Post*, yn Llundain, 'Russia in Grip of Famine, Death and Despair Stalk the Land'; y *Daily Express*, 'Millions Starving in Russia'; y *London Evening Standard*, 'Famine Rules Russia'. Yn yr Almaen, roedd y *Berliner Tageblatt* yn gofyn yn eu pennawd nhw, 'Hungersnot in Russland?' Roedd erthyglau'n trafod y newyn hwn i'w gweld yn amlwg yn y prif bapurau tan yr haf canlynol.

Mae erthygl gyntaf Gareth Jones yn yr *Evening Standard* yn dangos pa fath o neges roedd Gareth wedi'i rhoi:

Rai dyddiau yn ôl, roeddwn yn sefyll mewn bwthyn gweithiwr y tu allan i Moscow. Yno hefyd roedd tad a mab yn sefyll yn gweiddi ar ei gilydd. Roedd y tad yn gweithio mewn ffatri yn Moscow a'r mab yn aelod o'r Youth Communist League. Roedd y tad wedi gwylltio ac fe gollodd reolaeth ar ei dymer ymhen dim gan weiddi ar ei fab, y Comiwnydd. 'Mae pethau'n ofnadwy nawr. Rydyn ni, y gweithwyr, yn llwgu ... Mae afiechydon yn effeithio ar nifer fawr ohonon ni ac mae'r ychydig fwyd sydd ar gael yn amhosib i'w fwyta. Dyna beth rydych chi wedi'i wneud i Rwsia'r Famwlad.

Gwaeddodd y mab yn ôl. 'Ond edrychwch ar y cewri diwydiannol rydyn ni wedi'u creu. Edrychwch ar y ffatri sy'n gwneud tractors newydd ... Mae'r ffatri honno'n werth unrhyw aberth.'

'Ffatri yn wir!' oedd ateb y tad. 'Pa werth yw ffatri a chithau wedi dinistrio popeth da, y pethau gorau oedd yn Rwsia?'

Dywedodd y tad yr hyn mae 96 y cant o bobol Rwsia yn ei gredu.

Roedd y manylion a roddodd Gareth Jones ynglŷn â sefyllfa bwyd y wlad yn ddigon i dorri calon unrhyw un. Hyd yn oed o fewn ychydig filltiroedd i Moscow, doedd dim bara. Daeth ar draws grŵp o fenywod yn cerdded tuag at y ddinas, rai milltiroedd cyn iddyn nhw gyrraedd yno. Stopiodd i gael gair â nhw. Gofynnodd i ble roedden nhw'n mynd a pham. Dywedodd un eu bod ar y ffordd i Moscow i chwilio am fara. Doedd dim bara yn y pentref lle roedden nhw'n byw.

Gofynnodd Gareth iddyn nhw wedyn, a oedd tatws ganddyn nhw. 'Nac oes,' oedd yr ateb a gafodd, 'dim o gwbwl.' 'Beth am eich gwartheg?' gofynnodd ymhellach. I'r Rwsiaid oedd yn byw yng nghefn gwlad, roedd y fuwch yn hollbwysig, yn symbol o gyfoeth, bwyd a hapusrwydd. Dywedodd y menywod wrtho fod pob buwch wedi marw. Holodd wedyn am eu ceffylau, gan fod y ceffyl hefyd yn hollbwysig ym mywyd miliynau o bobol cefn gwlad. Heb geffyl, doedd dim modd aredig y tir, a heb allu aredig doedd dim modd hau hadau. Ond yr un ateb a gafodd Gareth unwaith eto. Roedd bron pob ceffyl oedd yn eiddo i deuluoedd y menywod hyn hefyd wedi marw. A'r gweddill, y rhai oedd yn dal yn fyw, yn rhy wan a thenau i fod o unrhyw ddefnydd ymarferol i'r ffermwyr tlawd.

Dywedodd Gareth Jones iddo weld pobol yn ymladd dros ddarn o groen oren oedd ar lawr y trên. Digwyddodd yr un peth wrth i'r tlodion ymladd am grystyn o fara. Cerddodd ymhell o'r prif drefi a'r dinasoedd er mwyn cael ymweld â'r Rwsia na fyddai arweinwyr y Comiwnyddion am ei dangos i bobol y Gorllewin fel arfer. Wrth reoli i ble roedd yr ymwelwyr yn cael mynd, gallai'r Comiwnyddion reoli beth fydden nhw'n cael ei weld.

Disgrifiodd Gareth Jones yn fanwl yr effaith a gafodd y diffyg cynhaeaf ar y bobol eu hunain. Mewn un frawddeg ysgytwol crynhodd y cyfan: 'Wnes i ddim ymweld ag un pentref lle nad oedd nifer wedi marw.' Roedd Gareth Jones yn pryderu'n fawr y gallai'r sefyllfa fynd yn llawer gwaeth. 'Dim ond marwolaeth sydd o'n blaenau' oedd cri arall a glywodd y Cymro ifanc dro ar ôl tro ar ei daith.

Ond doedd pawb ddim yn fodlon credu Gareth Jones. Yn wir, cafodd amser anodd iawn wrth geisio argyhoeddi pobol ei fod yn disgrifio'r sefyllfa fel roedd hi go iawn yn Rwsia. I nifer ym Mhrydain ac yn America roedd hi'n amhosib credu bod y math hwn o ddioddef yn digwydd yno. Gan gefnogwyr Rwsia cafodd ei wawdio. Cafodd ei sarhau. Cafodd ei anwybyddu.

Y dyn mwyaf amlwg i wrthod stori Gareth

Jones oedd gŵr o'r enw Walter Duranty. Roedd yn newyddiadurwr uchel ei barch gyda'r *New York Times*. Yn 1932, fe enillodd y Pulitzer Prize, gwobr safonol iawn ym myd newyddiaduraeth, ac felly roedd yn ddyn o awdurdod ym myd y papurau newydd. Roedd e'n gwrthod derbyn cynnwys erthyglau Gareth Jones. Pennawd stori'r Americanwr oedd 'Russians Hungry but not Starving'. Duranty oedd gohebydd tramor y papur, ac roedd e hefyd yn gyfarwydd â Rwsia.

Dadl Duranty oedd i'r newyn gael ei achosi gan afiechydon o ganlyniad i ddiffyg maeth. Dadleuai mai dim ond mewn ambell le yn y wlad roedd y dioddef, nid mewn sawl man fel roedd Gareth Jones yn awgrymu. Roedd hen ddigon o fwyd yn y dinasoedd, meddai. Nododd fod y Kremlin, pencadlys y Llywodraeth Gomiwnyddol, wedi gwadu stori Gareth hefyd. Yn ei erthygl roedd Duranty'n awgrymu'n gryf, oherwydd bod y Kremlin yn ei gwadu, nad oedd stori Gareth yn wir. Geiriau Duranty roedd y rhan fwyaf o bobol yr Unol Daleithiau yn eu credu. Ym Mhrydain hefyd roedd pobol digon enwog yn gwrthod dadleuon Gareth, fel y llenor Bernard Shaw a enwyd eisoes.

Roedd agwedd David Lloyd George at yr hyn oedd gan Gareth i'w ddweud yn ddiddorol.

Wnaeth e erioed wadu'r hyn a ddywedodd Gareth, na'r hyn a ddisgrifiodd. Ond, eto i gyd, wnaeth e ddim cefnogi ei safiad chwaith. Fe gadwodd y cyn-weinidog ei bellter. Mae'n siŵr ei fod yn credu mai dyna'r peth mwyaf doeth i'w wneud, oherwydd ei statws gwleidyddol. Yn wir, ni ddywedodd air yn gyhoeddus o blaid gwaith Gareth tan ar ôl iddo golli ei fywyd.

Os oedd Gareth Jones yn disgwyl gwell ymateb, a mwy o gefnogaeth gan ei gyd-Gymry, yna fe gafodd ei siomi'n fawr iawn. Tebyg iawn oedd ymateb Cymry amlwg eraill i'r hyn roedd Gareth wedi'i ddweud am Rwsia hefyd. Ar ôl dod yn ôl o'i daith olaf i Rwsia, siaradodd Gareth Jones yn yr Eisteddfod Genedlaethol yn Wrecsam. Fe ddywedodd yno fod Rwsia, yr Almaen a'r Eidal yn wledydd oedd yn trin eu pobol yn debyg iawn i'w gilydd. Roedd Mussolini yn unben yn yr Eidal, Hitler yn yr Almaen a Stalin yn Rwsia. Er bod Hitler a Mussolini yn gwbl wahanol i Stalin yn yr hyn roedden nhw'n ei gredu, dadleuai Gareth Jones fod y tri'n rheoli eu pobol yn yr un modd. Yn y tair gwlad, meddai, doedd dim rhyddid i'r trigolion ddweud yr hyn roedden nhw am ei ddweud. Dim ond ailadrodd barn yr unben y gallen nhw ei wneud.

Fe greodd ei sylwadau ymateb cryf iawn yn y wasg Gymraeg. Am chwe wythnos anfonodd pobol lythyron i bapur *Y Cymro* yn beirniadu sylwadau Gareth Jones am y gwledydd hyn. Byddai yntau'n ateb drwy amddiffyn yr hyn roedd wedi'i ddweud. Yr un person a ysgrifennodd yn amlach na neb arall oedd Ithel Davies, cyfreithiwr ac aelod o Fudiad Gweriniaethol Cymru. Doedd e ddim yn hapus o gwbl, efallai oherwydd ei safbwynt gwleidyddol.

Holodd pam roedd Gareth Jones yn cymharu Rwsia â'r Eidal a'r Almaen? Dadleuai fod Rwsia yn hollol wahanol i'r ddwy wlad arall gan mai'r werin bobol, y gweithiwr cyffredin, oedd yn rheoli yn Rwsia. Roedd y llywodraeth, meddai, yn nwylo'r gweithwyr a'r tyddynwyr, a gwerin Rwsia yn feistr yn ei thŷ ei hun. Yn ei farn ef, roedd yn sicr fod y ffordd y câi'r wlad ei rhedeg yn fodel o sut y dylai gwlad gael ei llywodraethu. Roedd yn gwrthod disgrifiadau Gareth Jones o'r dioddef yn Rwsia ac yn gwadu bod newyn yno, fel cymaint o bobol eraill. Gorffennodd Ithel Davies un o'i lythyron ar nodyn digon personol. Dadleuodd nad oedd Mr Jones yn deall y sefyllfa o gwbl gan ofyn wedyn, 'ai gwastraff ofnadwy fu rhoddi'r holl addysg uwchradd iddo?' Ymosodiad personol iawn felly!

Er na ddangosodd Gareth Jones hynny, mae'n siŵr fod cael rhywun yn amau gwerth ei addysg wedi'i wneud yn grac iawn. Atebodd Ithel Davies yn *Y Cymro* yr wythnos wedyn. Dywedodd wrtho yn blwmp ac yn blaen nad oedd yr hyn a ddywedodd Ithel Davies yn wir o gwbl.

Roedd Gareth yn dadlau nad y werin oedd yn rheoli Rwsia ond yn hytrach y Blaid Gomiwnyddol – dwy neu dair miliwn o bobol mewn gwlad o 160 miliwn o bobol.

Cyfeiriodd Gareth wedyn at yr Almaen gan ddweud ei fod yn casáu'r hyn roedd Hitler yn ei wneud yno. Ond eto, meddai, roedd yn rhaid cydnabod bod 42 y cant o bobol y wlad wedi pleidleisio drosto fe. Roedd ganddo gefnogaeth aruthrol felly, yn wahanol iawn i'r Blaid Gomiwnyddol yn Rwsia.

Yn *Y Cymro* cafwyd llythyru cyson ac fe drodd y llythyron yn ymosodiadau personol. Roedd Ithel Davies yn dadlau nad oedd am gael ei dwyllo gan 'tit-bits newyddiadurol' Gareth Jones. Roedd yn well ganddo fe gredu ffrindiau iddo oedd wedi bod yn Rwsia. Enwodd Clough Williams-Ellis, y gŵr a gynlluniodd bentref Portmeirion, fel un ffrind roedd e'n barod i dderbyn ei farn. Roedd yn dweud bod Gareth Jones wedi mynd i'r Wcráin ym mis Mawrth pan fyddai eira'n drwch ar lawr. Sut, felly, roedd e wedi gallu teithio mor bell a ble cafodd e fwyd os nad oedd dim i'w gael yno? Dyna oedd natur cwestiynau Ithel Davies. Byddai'n taflu amheuon di-ri ar dystiolaeth Gareth Jones drwy ddadlau nad yn Rwsia yn unig roedd newyn, ond bod newyn drwy'r byd i gyd.

Wrth ei ateb wedyn, roedd gan Gareth Jones un cwestiwn ac un her i Ithel Davies. Os oedd Rwsia mor llwyddiannus ag roedd Ithel Davies yn dadlau ei bod, yna pam roedd ef wedi dewis aros yng Nghymru, pam na fyddai'n symud i fyw yno? Heriodd ef i fynd allan yno i weld sefyllfa'r wlad â'i lygaid ei hunan. Dywedodd y byddai'n barod i dalu ei dreuliau i fynd i Moscow ar yr amod y byddai'n dysgu'r iaith ac yn aros yno.

Fe ddaeth ateb yn ôl. Ond cyn ateb y cwestiwn ynglŷn â mynd i Rwsia i fyw, dywedodd Ithel Davies mai 'anwiredd maleisus' oedd y straeon am y newyn a'r marw yno. Cyhuddodd Gareth yn ddigon clir, felly, o ddweud celwydd. Wrth fynd ati i ateb cwestiwn Gareth Jones, gofynnodd Ithel Davies i Gareth ddod yn gwmni iddo gan ei fod yn ddigon hael i gynnig talu ei dreuliau i Rwsia. Roedd am iddo ddangos y beddau lle roedd y miliynau fu farw o newyn wedi'u claddu. Ond wrth ymateb i'r sialens dywedodd mai lol oedd y cyfan. Roedd yn arwydd o'r ffordd roedd Mr Jones a'r wasg yn meddwl. Wrth orffen, dywedodd Ithel Davies am yr ail waith mai anwiredd maleisus oedd y cyfan.

Mae'n siŵr fod golygydd *Y Cymro* yn 1933 wrth ei fodd gyda dadl a barodd mor hir ac mor ffyrnig yn ei bapur. Ond go brin fod Gareth Jones wedi'i blesio gan yr ymateb a gafodd gan Ithel Davies a'r lleill oedd wedi ysgrifennu llythyron yn amau ei stori. Mae'n rhaid fod y cyhuddiad o ddweud celwydd wedi'i frifo.

Dyn a stori ganddo oedd Gareth Jones yn 1933, ond doedd fawr neb yn fodlon ei gredu. Dyna'r argyfwng roedd Gareth ynddo wedi'r holl deithio drwy'r Rwsia roedd Stalin wrthi'n ei chreu. Roedd pobol naill ai'n troi eu cefnau ar y Cymro ifanc neu'n cadw draw oddi wrtho'n gyfan gwbl. I ble roedd Gareth yn gallu troi, felly? Beth fyddai'r cam nesaf yn ei yrfa gyffrous? Fyddai mynd yn ôl i Rwsia ddim yn opsiwn iddo byth eto. Roedd heddlu cudd y wlad wedi bod yn cadw llygad manwl ar yr hyn roedd yn ei wneud. Fe wydden nhw beth roedd e wedi'i ddweud am eu gwlad. Roedden nhw'n gwybod beth roedd e wedi'i ddweud am Stalin a'r Blaid Gomiwnyddol. Doedd dim un ffordd yn y byd y byddai'n cael mynd i mewn i Rwsia byth eto.

Yr hyn wnaeth e wedyn oedd troi'n llawn amser at waith oedd yn agos iawn at ei galon – ysgrifennu erthyglau i bapur newydd. Roedd wedi ysgrifennu cryn dipyn o erthyglau yn barod, a'r rheini wedi'u cyhoeddi. Ond daeth cyfle iddo wneud hynny'n amser llawn ac ennill ei fywoliaeth drwy ysgrifennu. Digwyddodd hynny yma yn ei famwlad hefyd, a daeth y crwydryn yn ôl i Gymru am gyfnod. Doedd ei sylw ddim ar wledydd tramor mwyach. Defnyddiodd ei ddawn i ddisgrifio'r wlad lle cafodd ei eni a rhoi ei sylw i'r bobol roedd e'n un ohonyn nhw. Wedi iddo farw, cyhoeddwyd llyfr o'i erthyglau ynglŷn â Chymru o'r enw *In Search of News*. Rhoddodd sylw i ddiwylliant y wlad, y diwylliant hwnnw oedd wedi ffurfio'r Gymru roedd ef bellach yn rhan ohoni.

Llofruddiaeth yn y Dwyrain Pell

OND WNAETH GARETH JONES ddim aros yng Nghymru yn hir iawn. Cododd yr awydd i grwydro eto yn niwedd Hydref 1934, ac roedd yn pacio'i fag unwaith yn rhagor. Y tro yma, roedd am fentro ymhellach nag roedd wedi mentro erioed o'r blaen. Trefnodd yr hyn a gafodd ei alw'n 'Round-the-World Fact-finding Tour'. Fe aeth i ryw naw o wledydd gwahanol, pob un ohonyn nhw yn y Dwyrain Pell. Yn y dyddiau hynny, roedd yn daith anhygoel o hir, a theithio mor bell yn ddigwyddiad anghyffredin iawn. Byddai teithio yr adeg honno yn llawer arafach ac fe fuodd Gareth i ffwrdd o Gymru am dros naw mis i gyd. Ddaeth e ddim yn ôl yn fyw.

Fe aeth o Brydain i America yn gyntaf, ar yr SS *Manhattan*. Tra oedd e yno, fe aeth i gartrefi dau ddyn enwog a dylanwadol iawn ar y pryd. Roedd Frank Lloyd Wright yn bensaer byd-enwog ac wedi cynllunio dros fil o adeiladau cyn diwedd ei oes. Fe fuodd yn ddylanwad mawr ar hanes pensaernïaeth y byd. Yn 1911 fe adeiladodd dŷ iddo fe ei hunan a'i enwi'n 'Taliesin'. O Gymru roedd teulu Frank Lloyd Wright ar ochr ei fam yn dod yn wreiddiol. Ei chyfenw oedd Lloyd-Jones ac roedd ei mab yn falch iawn o'i berthynas â'r wlad. Pan gyrhaeddodd Gareth Jones y cartref, dywedodd Frank Lloyd Wright wrtho fod yna groeso arbennig i unrhyw un â'r cyfenw Jones!

Pan oedd Gareth Jones yn gweithio i'r *Western Mail*, aeth i gyf-weld perchennog papurau newydd, William Randolph Hearst. Roedd e'n berchen ar Gastell Sain Dunwyd ym Mro Morgannwg, cartref Coleg yr Iwerydd erbyn hyn. 'Nôl adre yn yr Unol Daleithiau, roedd yn berchen ar 30 o bapurau newydd. Ei stori ef oedd yr ysbrydoliaeth i greu'r ffilm enwog *Citizen Kane*, ac fe aeth Gareth i ransh Hearst yn Califfornia. Mae nith Gareth Jones, Siriol Colley, yn cofio'i hewythr yn sôn am yr ymweliad â'r ransh pan oedd hi'n blentyn. Cofiai Gareth yn dweud iddo fynd ar gefn un o geffylau Hearst yn anialwch y Mojave. Doedd e ddim yn gyfarwydd â marchogaeth ac fe syrthiodd oddi ar ei geffyl – a glanio mewn perth o gactws! Stori ddoniol dros ben i Siriol Colley pan oedd yn blentyn.

Ar ôl gadael America, fe aeth Gareth Jones o Hawaii i Japan, yna i Shanghai a Hong Kong, cyn mynd i Ynysoedd y Philipinau. Oddi yno fe aeth i Java, Jakarta a Singapore, cyn mynd ymlaen i Thailand a Cambodia, ac yna i Indochina Ffrengig. O'r fan honno fe aeth i China, i Hankow, Shanghai a Nanking, cyn cyrraedd Peking. O Peking, fe aeth ar ran olaf ei daith, i Mongolia.

Roedd hon yn daith anhygoel yn y dyddiau cyn bod awyrennau'n mynd i'r gwledydd hynny. Byddai Gareth yn teithio o wlad i wlad ac o gyfandir i gyfandir ar longau. Ar ôl cyrraedd y gwledydd hynny, byddai'n rhaid iddo gerdded er mwyn teithio o le i le, yn mynd ar drenau, neu'n cael reid gan y bobl leol. Roedd safon y trenau y bu raid iddo'u defnyddio'n amrywio'n fawr iawn o un wlad i'r llall.

Tra oedd Gareth yn Peking ym mis Gorffennaf 1934, daeth i glywed am gyfarfod pwysig iawn oedd i gael ei gynnal yn Mongolia. Roedd holl dywysogion y wlad honno'n bwriadu dod at ei gilydd ar gyfer un gynhadledd fawreddog. Roedd Gareth am fynd i'r wlad, felly. Ond byddai cyrraedd yno o Peking yn daith ofnadwy o anodd. Doedd y rheilffordd ddim yn cyrraedd yr ardal lle roedd y gynhadledd i'w chynnal. Ond fe ddaeth ateb. Mewn llythyr at ei fam a'i dad yn y Barri, mae Gareth yn esbonio beth ddigwyddodd:

Am lwc! Roeddwn wedi bod yn meddwl drwy'r dydd sut i gyrraedd yno ... ond, wrth gael te ger pwll nofio'r Peking Club, daeth Baron von Plessen ata i a dweud, 'Would you like to join Dr Müller [gohebydd o'r Almaen] and me in an excursion into Inner Mongolia to visit Prince Teh Wang and the meeting of the Princes? There will be a car at our disposal.' Fe dderbyniais y cynnig yn syth. Byddaf yno am ryw wythnos.

Ac yna, ar ddiwedd y llythyr, mae'n ychwanegu dwy frawddeg a fyddai'n profi'n rhai arwyddocaol iawn – 'Mae'n wlad hollol saff. Dim bandits!'

Cyn gadael Peking, fe ysgrifennodd lythyr arall at ei deulu yng Nghymru a holi, 'Sut mae Siriol a John? Fydd Ianto'n mwynhau chwarae gyda nhw? Cariad cynhesaf a llawer o gusanau, Gareth.' Dyna un o'r llythyron olaf iddo'i anfon yn ôl i Gymru. Yn y llythyr mae'n cyfeirio at ei nith, Siriol Colley, rydyn ni wedi clywed peth o'i hanes hi yn y llyfr yma.

I ffwrdd â Gareth, felly, ar daith i gwrdd ag un o dywysogion mawr y Dwyrain Pell. Roedd y Tywysog Teh Wang yn perthyn yn uniongyrchol i Genghis Khan, ymerawdwr nerthol a dylanwadol iawn. Saith can mlynedd ynghynt roedd hwnnw wedi creu ymerodraeth oedd yn un o'r rhai mwyaf yn y byd erioed. Felly, roedd y tywysog hwn yn ddyn o ddylanwad mawr ac roedd Gareth yn mynd i aros yn ei balas.

Cawn ddisgrifiad o'i daith i Mongolia. Tri ohonyn nhw'n dal trên yn gyntaf, gan fynd heibio Wal Fawr China. Nid rhyfeddu at y wal wnaeth Gareth ond yn hytrach sôn am arwyddocâd y wal. Roedd e'n gweld mor drist oedd y rheswm dros ei hadeiladu. Amddiffyn China rhag ymosodiadau ffyrnig y Mongoliaid oedd pwrpas y wal. Ers hynny, roedd y Chineaid wedi gwthio'r Mongoliaid ymhell, bell, yn ôl o ffin eu gwlad. Dywed Gareth iddo fynd drwy bentrefi 150 milltir o'r hen ffin a'r rheini bellach yn nwylo'r Chineaid. Cyn hynny, pentrefi'r Mongoliaid oedden nhw ond bod y Chineaid wedi'u gwthio yn ôl ac yn ôl ers blynyddoedd lawer.

Mewn un man, fe aethon nhw drwy dwnnel yn y wal a dod allan yr ochr arall i weld gwastadedd eang, hyfryd. Roedd y wlad yn ymestyn o'u blaenau, a mynyddoedd glas o'u cwmpas. Golygfa oedd yn ddigon i gipio'r anadl, meddai Gareth. Wedi dweud hynny, gwyddai fod y Japaneaid wedi dangos diddordeb mewn meddiannu'r darn hwn o dir er mwyn cael gafael ar y mwyn haearn. Gwelodd nifer fawr o hen bentrefi anghysbell Mongolia. Gwelodd fythynnod lle roedd crwyn anifeiliaid yn cael eu paratoi ar gyfer eu troi'n lledr. Gwelodd bobol yn gweithio sidan a gwlân, ac eraill yn gweithio yn y meysydd yn tyfu tybaco.

Yn ei adroddiadau ar y daith yma cawn ddarlun lliwgar iawn o'r wlad. Rhaid cofio y byddai'r byd hwn yn fyd hollol ddieithr i'r darllenwyr yn y 1930au, a rhaid cyfaddef nad yw'n llawer mwy adnabyddus hyd yn oed heddiw.

Ar ôl gadael China, a chyrraedd Mongolia go iawn, gwelodd Gareth Jones gamelod a gwartheg a'r iwrt hefyd. Pabell o groen anifeiliaid yw'r iwrt, tebyg i iglw'r Esgimo. Yn yr iwrt y byddai nifer fawr o'r werin bobol yn byw. Roedd bron pob Mongol, dynion a menywod, yn gwisgo'u gwallt yn hir ac wedi'i blethu.

Byddai un amcan yn amlwg gan Gareth ym mhob gwlad yr aeth i ymweld â hi ar y daith hir yma. Roedd am ddeall sut roedd y gwledydd hyn yn cael eu rhedeg. Roedd am ddeall pa fath o lywodraeth oedd yn y gwledydd hynny. Fyddai hyn ddim wrth fodd pawb yno, wrth gwrs. I rai, byddai Gareth yn holi gormod wrth geisio gwybod popeth.

Wedi taith hir a thrafferthus iawn, llwyddodd Gareth i gyrraedd palas y Tywysog Teh Wang. Mewn llythyr arall at ei rieni, unwaith eto wedi'i ysgrifennu ar ddydd Sul, mae'n sôn am yr achlysur. Mae'n nodi bod gan y Tywysog 35,000 o geffylau a 30,000 o gamelod. Ar dir ei balas roedd nifer fawr o demlau wedi'u hadeiladu, a'r rheini wedi'u haddurno'n lliwgar a chyfoethog iawn.

Ar y waliau roedd paentiadau o ddreigiau ac adar yn amlwg iawn. Aeth y milwyr â nhw i mewn i'r palas. Doedden nhw ddim yn cael mynd ar y prif lwybr i mewn iddo; dim ond y Tywysog fyddai'n cael cerdded y llwybr hwnnw. Trwy ddrws yn yr ochr y cawson nhw fynd i mewn. Y tu mewn, eistedd ar garpedi moethus ar y llawr roedden nhw. Ar ôl awr a hanner o aros yno, yn yfed te Mongolia – te roedd Gareth Jones yn dweud ei fod yn ffiaidd – fe ddaeth y Tywysog atyn nhw.

Ar orchymyn y Tywysog, cafodd Gareth a'r lleill eu harwain i bedwar iwrt oedd ar dir yng nghanol y palas. Roedden nhw'n rhai moethus iawn, â phaentiadau o ystlumod yn amlwg arnyn nhw, yn arwydd o lwc dda i'r Mongoliaid. Ar y llawr y gwnaeth y pedwar ohonyn nhw gysgu ac roedd yn rhaid iddyn nhw fynd i wasanaeth yn y deml sanctaidd wedyn. Gwasanaeth arbennig ydoedd i Ysbryd y Mynyddoedd, ac yna roedd yn amser bwyd.

Mae disgrifiad Gareth o'r bwyd hwnnw'n tynnu dŵr o'r dannedd. Eto, byddai wedi swnio'n gwbl ddieithr i bobol yng Nghymru a fyddai'n darllen y disgrifiad ohono ar y pryd. Fe gawson nhw hadau lotws, gwymon, ugain math gwahanol o sŵp, gan gynnwys sŵp buwch, yn ogystal â llaeth ceffyl. Ond doedd dim un tŷ bach yn yr holl balas, dim hyd yn oed i'r Tywysog!

Y diwrnod canlynol, cafodd Gareth Jones gyfweliad gan y Tywysog Teh Wang ac fe fuon nhw'n trafod cysylltiad Japan â'i wlad ef. Bwriad y Tywysog oedd uno'r holl bobol oedd yn byw yn Mongolia. Roedd nifer fawr ohonyn nhw'n byw yno o dan reolaeth Rwsia a nifer fawr hefyd yn byw o dan reolaeth Japan, yn ardal Manchukuo. Roedd y Tywysog yn barod i ofyn am help China petai angen. Ond roedd yn well ganddo geisio cael annibyniaeth heb gymorth gan unrhyw wlad arall.

Fe aeth Gareth ar grwydr drwy rannau eraill o Mongolia wedyn. Cafodd sawl antur ar ei daith, gan gynnwys bod yn gaeth mewn afon am dros dair awr. Yn y diwedd, cyrhaeddodd Manchukuo. Roedd yr ardal yn rhan o Mongolia ond roedd presenoldeb y Japaneaid yn amlwg yno hefyd. Y Chineaid oedd yn arfer rheoli'r ardal hon yn y gorffennol. Er mwyn sicrhau'r lle iddyn nhw eu hunain, roedd y Japaneaid wedi anfon 40,000 o filwyr i'r ardal. Wrth ymweld â'r lle, yr hyn a welodd Gareth Jones oedd miloedd o faneri Japan mewn ardal a fyddai'n arfer bod yn nwylo'r Chineaid – ardal oedd yn wreiddiol yn rhan o wlad y Mongoliaid. Roedd yr ardal yma fel rhyw grochan mawr yn ffrwtian ac roedd y lle'n dangos sut roedd pethau'n newid yn y Dwyrain Pell. Roedd Japan am ymestyn ei grym a'i dylanwad. Wedi gweld y cyffro milwrol hwn, daeth yn amser i Gareth Jones ddychwelyd yn ôl i'r man lle daethai ohono, sef Kalgan.

Yn ei ddyddiadur, mae'n dweud bod yna ddau lwybr posib y gallai eu dilyn i gyrraedd yno. Ar hyd un llwybr, roedd 200 o lorïau'n cario milwyr Japaneaidd wedi teithio. Ar hyd y llwybr arall, roedd bandits yn byw. Dyna'r geiriau olaf iddo'u hysgrifennu yn ei ddyddiadur. Roedd hynny ar fore Gwener, 26 Gorffennaf 1935.

Ymhen dim, roedd adroddiadau papur newydd ym Mhrydain wedi torri newyddion dramatig iawn am Gareth Jones. 'Cardiff Journalist Captured by Bandits' oedd un o'r penawdau ysgytwol. 'Welshman Lone Prisoner with Bandits' oedd un arall. Wedi iddo fod yn Manchukuo ar ei daith yn ôl i'r man lle roedd yn aros, sef Kalgan, roedd gang o fandits wedi ymosod ar gerbyd Gareth Jones. Fe wnaethon nhw stopio'r cerbyd, gan ddal reifflau a *machine gun* yn eu dwylo. Saethon nhw ddwy fwled i mewn i injan y cerbyd fel na fyddai'n gallu symud oddi yno. Cafodd y gyrrwr, a oedd yn dod o Rwsia, ei ryddhau er mwyn iddo ddweud wrth yr awdurdodau fod Gareth yn cael ei gadw'n gaeth gan y bandits. Roedden nhw am gael £8,000 a 200 o reifflau Mauser cyn ei ryddhau.

Roedd y bandits yn gwisgo dillad y Peace

Preservation Society, sef dillad yr heddlu lleol. Cafodd y dyn oedd yn teithio gyda Gareth, sef Dr Herbert Müller, ei ryddhau yn fuan iawn ar ôl cael ei gipio. Roedd e ar y daith i gynrychioli Deutsches Nachrichtenbüro, asiantaeth newyddion yn yr Almaen. Does neb yn deall pam y cafodd Müller ei ryddhau ond eu bod nhw wedi cadw Gareth yn gaeth.

Ar 1 Awst 1935, cafodd teulu Gareth yn y Barri frysneges yn dweud, 'Well treated. Expect release soon. Love Gareth.' Ar y cyfan, roedd Gareth wedi cael ei drin yn dda. Ond ar un achlysur cafodd rhaff ei chlymu am ei wddf ac roedd y bandits wedi bygwth ei grogi. Byddai'n cadw ei hun mewn hwyliau da drwy ganu caneuon Saesneg, Almaeneg a Chymraeg. Roedd un o'r adroddiadau o wersyll y bandits yn sôn amdano'n canu 'Dafydd y Garreg Wen' i'r rhai eraill oedd wedi'u cadw'n gaeth. Roedd yr adroddiad hwnnw'n dweud bod y carcharorion eraill yn hoff o'r gân honno ac yn gofyn iddo'i chanu dro ar ôl tro.

Ar ôl iddo gael ei ryddhau, dywedodd Müller ei fod e a Gareth wedi dysgu'r bandits sut roedd y watshys roedden nhw'n eu gwisgo yn gweithio. Dangoson nhw hefyd sut roedd defnyddio'r camerâu oedd ganddyn nhw. Roedden nhw hefyd wedi helpu'r dynion i atgyweirio'r *machine gun* gafodd ei ddefnyddio pan gawson nhw eu dal.

Mae'n ddigon posib, petai'r gwn yn gweithio'r diwrnod hwnnw, y bydden nhw wedi cael eu lladd yn y fan a'r lle.

Wedyn, ar ôl yr adroddiadau cynnar yma, fe aeth popeth yn dawel. Chlywodd ei deulu yr un gair am amser hir. Yn ystod y tawelwch hwn, roedd y papurau newydd yn ceisio cadw'r stori'n fyw cystal ag y gallen nhw. Doedden nhw ddim am i Gareth gael ei anghofio draw yn y Dwyrain Pell. Dywedodd un papur newydd fod Gareth wedi cael ei ryddhau. Ond doedd hyn ddim yn wir, ac fe achosodd y celwydd hwnnw gryn dipyn o loes i'w deulu.

Tra oedd Gareth yn gaeth, gwnaeth yr awdurdodau bopeth posib i geisio'i achub. Ond roedden nhw mewn sefyllfa anodd iawn. Dywedodd y Chineaid nad oedden nhw'n gallu cysylltu â'r bandits am eu bod mewn man anghysbell. Doedd y Japaneaidd chwaith ddim am ymyrryd o gwbl am fod y bandits y tu allan i'w tir swyddogol nhw. Fe fuodd yn rhaid i Brydain gynnal pob trafodaeth drwy ei llysgennad yn Peking, miloedd o filltiroedd i ffwrdd. Roedd llywodraeth Prydain yn sylweddoli bod hwn yn ddigwyddiad difrifol iawn, nid yn unig i Gareth ond ar lefel wleidyddol hefyd.

Ac yna, ddydd Gwener, 16 Awst 1935, dyma bennawd yn y *London Evening News*: 'Gareth

Jones is no more.' Yn ôl yr erthygl, roedd y Cymro wedi cael ei saethu dair gwaith. Y bore hwnnw, roedd y ffôn wedi canu yn Eryl, y Barri, ac roedd rhywun o'r Press Association wedi torri'r newyddion i dad Gareth, Major Edgar Jones. Fe fuodd y newyddion yn ergyd drom iawn i'r teulu ac fe gawson nhw eu hysgwyd gan yr hyn oedd wedi digwydd i'w mab.

Mewn stori yn y *Glasgow Times*, cafodd rhagor o fanylion eu cyhoeddi am yr hyn oedd wedi digwydd. Dywedodd y papur fod camddealltwriaeth wedi digwydd. Tra oedd un ynad yn delio â chais y bandits am arian i ryddhau Gareth Jones, fe wnaethon nhw symud i ardal arall oedd o dan ofal ynad gwahanol. Doedd e ddim yn gwybod dim am gefndir y stori na'r hyn oedd wedi digwydd i Gareth. Felly, er bod un ynad yn edrych fel petai'n llwyddo gyda'i ymdrechion i gwrdd â gofynion y bandits, fe wnaeth yr ynad newydd weithredu ar ei ben ei hun. Fe anfonodd filwyr i gipio'r bandits. Pan welodd y bandits beth oedd yn digwydd, daethon nhw i'r casgliad yn syth nad oedd yr awdurdodau o ddifri ynglŷn â thalu'r arian iddyn nhw. Roedden nhw'n credu eu bod nhw wedi cael eu twyllo. Mae'n bosib iawn mai hyn arweiniodd at ladd Gareth Jones.

Ers y diwrnod y buodd Gareth farw, mae pobol

wedi bod yn gofyn pam y cafodd ei ladd. Mae sawl rheswm wedi cael ei gynnig. Yn gyntaf, fe fuodd yn ddigon anlwcus i deithio ar hyd ffordd lle roedd bandits yn gweithredu. Damwain oedd y cyfan, felly.

I bobol eraill, mae'r ateb i'r cwestiwn 'pam' yn fwy cymhleth na hynny. Mae rhai'n credu mai Rwsia oedd y tu ôl i'r holl drasiedi a'u bod nhw wedi trefnu'r cyfan yn fwriadol. Roedden nhw am wneud yn siŵr na fyddai Gareth yn gallu datgelu rhagor i'r byd am yr hyn oedd yn digwydd yn Rwsia. Roedd e wedi dweud gormod yn barod wrth ddangos bod pobol yn marw o newyn yno a bod hynny'n fwriadol. Dyma un ffordd sicr o wneud yn siŵr na fyddai'n gallu dweud rhagor. Mae'r rhai sy'n credu'r theori yma'n pwyso'n drwm ar y ffaith mai gyrrwr o Rwsia oedd gan Gareth pan gafodd ei gipio.

Yna, mae eraill yn credu i'r Japaneaid drefnu ei farwolaeth. Roedden nhw'n ofni bod Gareth yn busnesa gormod yng ngwleidyddiaeth eu gwlad. Roedd yn holi gormod am fwriad yr Ymerawdwr Hirohito i ymestyn grym Japan i mewn i diroedd eraill. Rhan amlwg o bwrpas Gareth wrth fynd i'r Dwyrain Pell yn y lle cyntaf oedd cyhoeddi llyfr ar fwriad y Japaneaid yn y Dwyrain Pell. Mewn llythyr at dad Gareth, dywedodd un newyddiadurwr o Hong Kong fod Gareth yn sicr mewn dyfroedd dwfn iawn oherwydd ei daith yn y Dwyrain Pell.

'Roedd y Japaneaid,' meddai R. Barrett, 'yn gwybod beth roedd Gareth wedi'i wneud yn Rwsia.' Mae'n awgrymu'n gryf nad oedden nhw am iddo wneud yr un peth yn eu gwlad nhw.

Mae'n fwy na thebygol nad damwain oedd llofruddiaeth Gareth. Roedd yna reswm gwleidyddol y tu ôl i'w ladd. Roedd arweinwyr y byd yn gwybod am ei waith. Roedden nhw'n gwybod ei fod yn ddyn oedd yn mynnu dod o hyd i'r gwirionedd. Byddai'n gwrthod derbyn gair swyddogol unrhyw lywodraeth, gan fynnu gweld â'i lygaid ei hun beth oedd y sefyllfa. A phan fyddai'n dod i ddeall y sefyllfa, byddai'n rhannu'r hyn roedd wedi'i weld â'r holl fyd. Hyd yn oed os oedd hynny'n mynd yn erbyn dymuniad llywodraeth y wlad honno.

Ym mis Rhagfyr, rhyw bum mis ar ôl iddo gael ei ladd, daeth llwch Gareth Jones yn ôl i Gymru. Mae ei nith, Siriol Colley, yn cofio tad Gareth yn sôn am farwolaeth Gareth yn glir iawn. Roedd ei mam, chwaer Gareth, yn byw yn Llundain ar y pryd gyda'i gŵr a Siriol. Oherwydd hynny, y gangen honno o'r teulu gafodd y dasg drist o gludo'r llwch yn ôl i'r Barri at rieni Gareth. Daeth y llwch yn ôl o'r Dwyrain Pell ar yr SS *Rawalpindi*. Wedyn, fe aeth tad Siriol ag e 'nôl i Gymru ar y trên. Mae Siriol yn cofio eistedd yn ei sedd ar y trên, a'r blwch yn cynnwys llwch ei hewythr ar y sedd gyferbyn â'i thad. Roedd niwl trwchus wedi golygu bod y trên wedi cymryd llawer mwy o amser i gyrraedd y Barri nag y dylsai. Doedd hi ddim i wybod ar y pryd, wrth gwrs, y byddai hi'n rhoi help llaw i glirio tŷ ei modryb ymhen blynyddoedd lawer, ac mai hi fyddai'n dod o hyd i ddyddiaduron personol Gareth. Hi wedyn fyddai'n dweud stori ei hewythr wrth y byd.

Erbyn hyn, mae llywodraeth yr Wcráin wedi anrhydeddu Gareth Jones am ddweud wrth y byd beth roedd Stalin yn ei wneud i'w gwlad. Fe roddon nhw'r 'Order of Freedom' iddo. Dyna'r anrhydedd mwyaf mae'r Wcráin yn gallu ei roi i unrhyw un nad yw'n enedigol o'r wlad.

Anrhydedd i mi'n bersonol oedd cael bod yn westai i deulu Gareth yn y seremoni wrth i'r anrhydedd yma gael ei chyflwyno iddo yn Llundain. Yn 2006, cafodd plac i gofio Gareth Jones ei ddadorchuddio yn adeilad yr Hen Goleg, Prifysgol Aberystwyth, a'r geiriau arno mewn tair iaith: Cymraeg, Saesneg ac iaith Wcráin. Ond mae'n dal yn wir fod pobol yr Wcráin yn gwybod mwy am yr arwr o Gymro nag rydyn ni yma yng Nghymru.

Mae'r ffaith i lywodraeth Wcráin roi'r 'Order of Freedom' i Gareth Jones yn brawf mai fe oedd yn iawn wedi'r cyfan. Fe oedd yn dweud y gwir ac nid y bobol hynny wnaeth ei wawdio, ei wrthod a throi eu cefnau arno. Wedi iddo gael ei ladd, fe wnaeth un o'r rhai a gadwodd yn dawel yn hytrach na'i amddiffyn siarad yn gyhoeddus i dalu teyrnged i Gareth Jones. Dywedodd y cyn Brif Weinidog a'r Cymro David Lloyd George fod Gareth yn ddiflino yn ei ymdrechion i ddod o hyd i'r gwirionedd. Ond roedd, meddai, yn ddyn oedd yn gwybod gormod. Fe dalodd y pris uchaf posib am hynny.

Hefyd yn y gyfres:

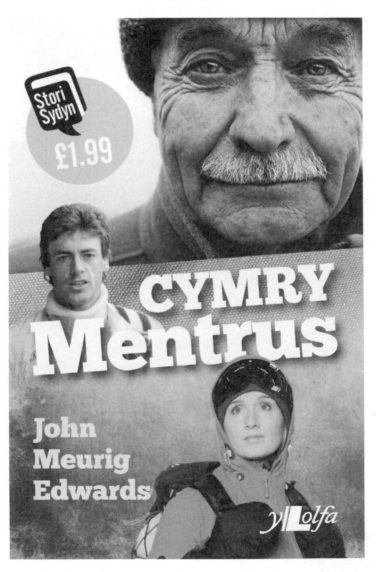

Stori Sydyn

£1.99

CYMRY Mentrus

John Meurig Edwards

y Lolfa

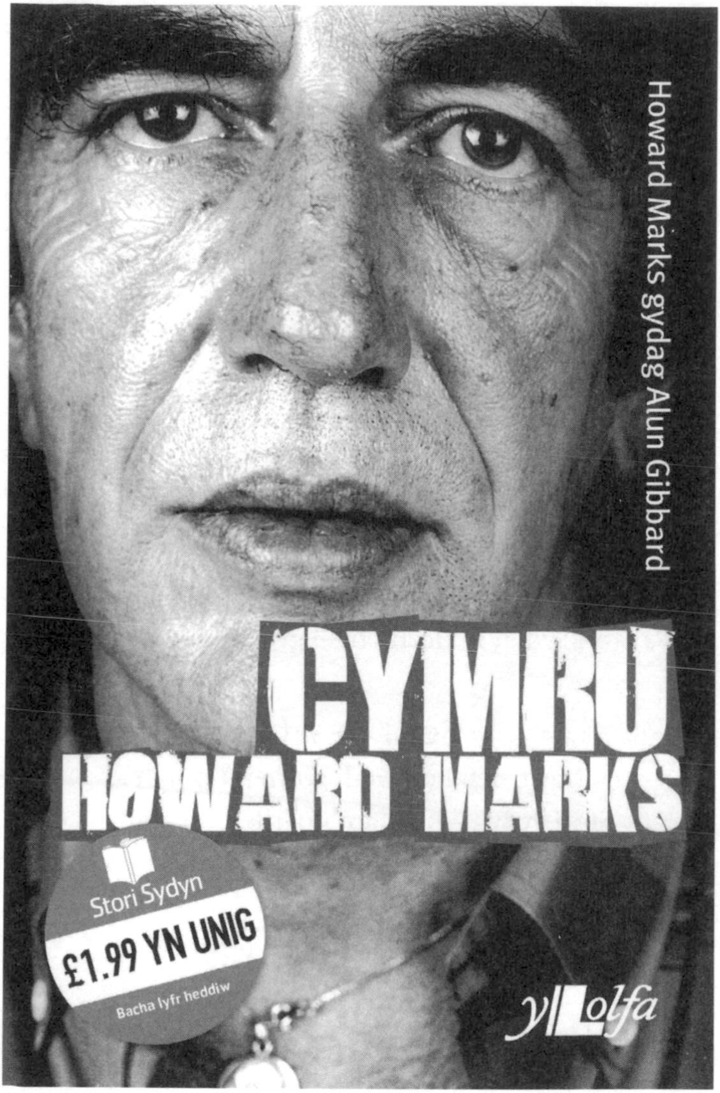
Howard Marks gydag Alun Gibbard
CYMRU
HOWARD MARKS
Stori Sydyn
£1.99 YN UNIG
Bacha lyfr heddiw
y Lolfa

Llongyfarchiadau ar gwblhau un o lyfrau Stori Sydyn 2014

Mae prosiect Stori Sydyn, sy'n cynnwys llyfrau bachog a byr, wedi'i gynllunio er mwyn denu darllenwyr yn ôl i'r arfer o ddarllen, a gwneud hynny er mwynhad. Gobeithiwn, felly, eich bod wedi mwynhau'r llyfr hwn.

Hoffi rhannu?

Gall eich barn chi wneud y prosiect hwn yn well. Nawr eich bod wedi darllen un o lyfrau'r gyfres Stori Sydyn, ewch i www.darllencymru.org.uk i roi eich sylwadau neu defnyddiwch #storisydyn2014 ar Twitter.

Pam dewis y llyfr hwn?
Beth oeddech chi'n ei hoffi am y llyfr?
Beth yw eich barn am y gyfres Stori Sydyn?
Pa Stori Sydyn hoffech chi ei gweld yn y dyfodol?

Beth nesaf?

Nawr eich bod wedi gorffen un llyfr Stori Sydyn – beth am ddarllen un arall? Edrychwch am deitlau eraill o gyfres Stori Sydyn 2014.

Oswald – Lleucu Roberts
Aled a'r Fedal Aur – Aled Sion Davies
Foxy'r Llew – Jonathan Davies gydag Alun Gibbard